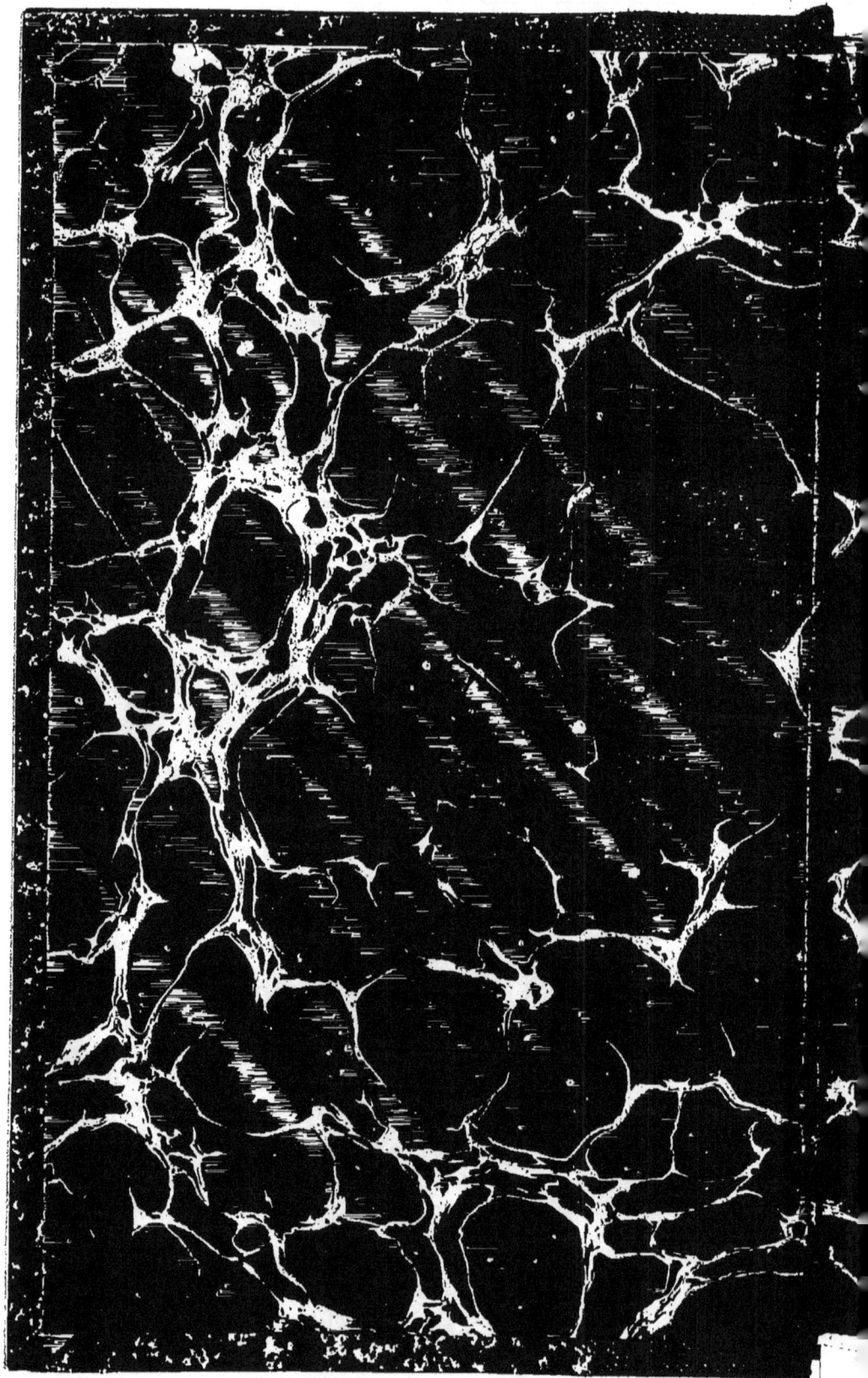

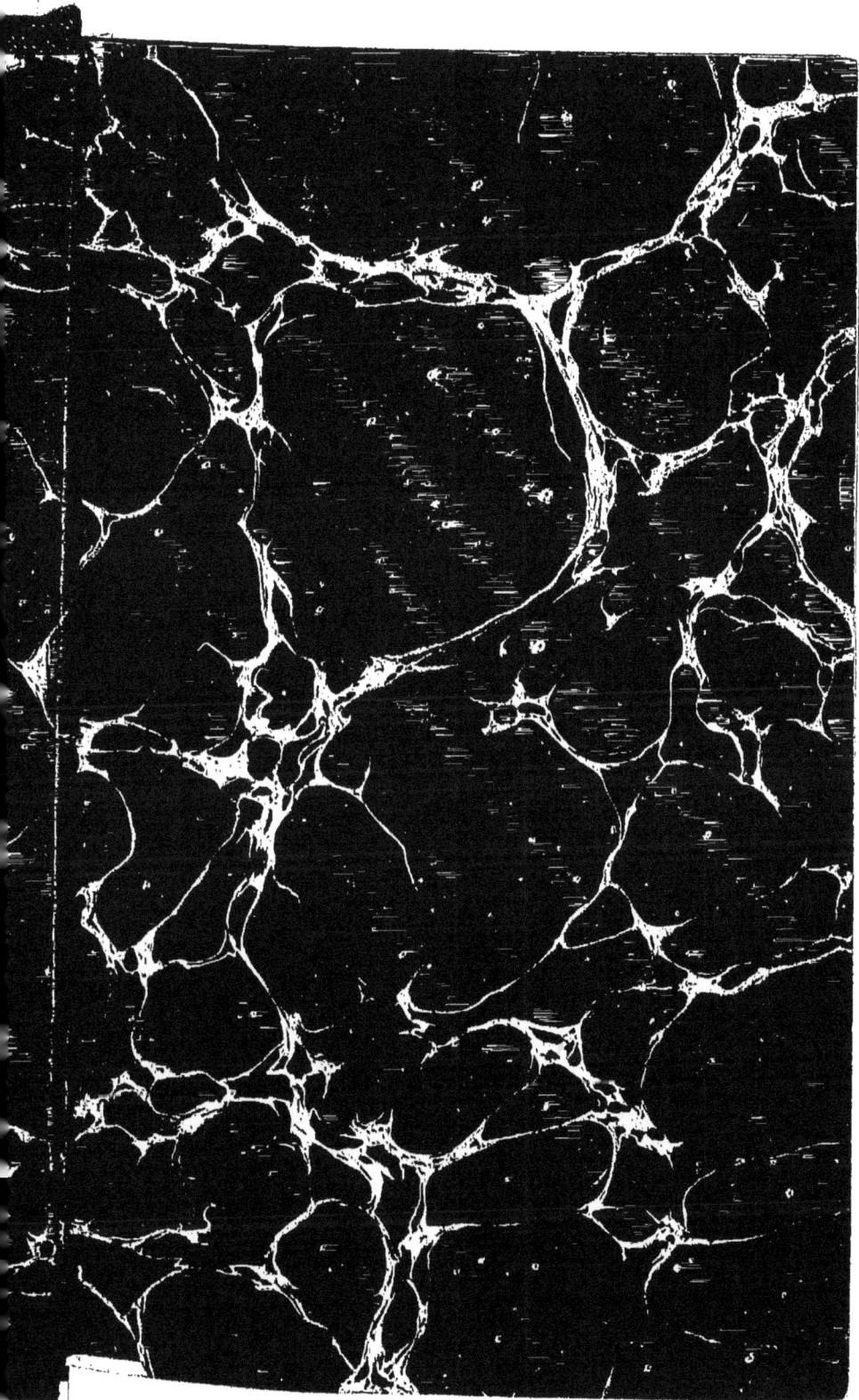

LES ÉTATS-UNIS

DE

Vénézuéla

LES ÉTATS-UNIS

DE

Vénézuéla

CHEZ LE MÊME ÉDITEUR

Étude sur la Colonie africaine de Libéria,
par Paul de Cazeneuve. Prix . . .   1 fr. 50

San-Marino (la plus ancienne des républiques
modernes), par Paul de Cazeneuve.   3 fr. 50

EN PRÉPARATION

Les Grands Hommes de l'Amérique du Sud,
par Paul de Cazeneuve et François Haraine.

S. EXC. LE GÉNÉRAL GUZMAN BLANCO

LES ÉTATS-UNIS

DE

Vénézuéla

PAR

PAUL DE CAZENEUVE & FRANÇOIS HARAINE

MEMBRES DE PLUSIEURS SOCIÉTÉS SCIENTIFIQUES

PARIS

SAUVAITRE, ÉDITEUR

72, BOULEVARD HAUSSMANN, 72

—

1888

A l'Illustre Américain

Son Exc. le Général Guzman Blanco

Envoyé extraordinaire et Ministre plénipotentiaire des États-Unis
de Vénézuéla à Paris

Les Auteurs

Paul de Cazeneuve & François Haraine

Offrent et dédient ce livre.

AVERTISSEMENT

Notre but, en publiant ce livre, est de contribuer de notre mieux à faire connaître et aimer de plus en plus dans notre pays cette héroïque nation vénézuélienne, si attachée à sa liberté, si intelligente et si laborieuse, si généreuse et si hospitalière, et qui éprouve tant de sympathie pour la France.

Pour composer notre ouvrage, nous avons eu recours à de nombreux documents français et espagnols, puisés aux meilleures sources, et aux œuvres d'écrivains distingués, tels que Tejera, Humboldt et Mazade.

Malgré tous les soins pris par nous
pour parvenir à l'exactitude dans les faits
et dans les jugements, nous sommes con-
vaincus que notre travail doit encore laisser à désirer sous ces divers rapports.

Aussi recevrons-nous avec une égale reconnaissance et les documents tendant à
rectifier ou à compléter l'histoire et la
géographie du Vénézuéla, et les observations sur les erreurs commises ou les la-
cunes à combler.

Janvier 1888.

PRÉFACE

1812! date néfaste pour la France! glo-
rieuse pour les États-Unis de Vénézuéla.

Pendant qu'un soldat heureux, chef d'une
grande nation européenne, abusant de la
force matérielle, mettait au service du gé-
nie des batailles une ambition démesurée,

un homme de cœur, un soldat aussi, mais animé de sentiments humanitaires, nouveau Washington de l'Amérique du Sud, fidèle aux principes de 89 qu'il avait vu appliquer en France, songeait à affranchir de la domination espagnole son pays, le Vénézuéla.

Cette pensée généreuse, à laquelle les États-Unis de Vénézuéla doivent aujourd'hui leur indépendance et leur prospérité, éclose dans le cerveau de Miranda, fut réalisée par Simon Bolivar, homme supérieur, dont les sentiments patriotiques s'étaient développés au contact de cette terre de France, berceau de la liberté des peuples!

Le premier acte de Bolivar en rentrant

dans sa patrie fut d'affranchir les esclaves de ses possessions patrimoniales, donnant ainsi à ses concitoyens émerveillés une preuve éclatante de son libéralisme et de sa philanthropie.

Le général Miranda, qui se trouvait alors à la tête d'un mouvement insurrectionnel, prélude de soulèvements beaucoup plus sérieux, l'accueillit dans ses rangs et lui conféra le grade de colonel.

Bien que Bolivar fût entièrement dévoué à la cause de l'indépendance, et qu'il lui eût consacré sa personne et sa fortune, ses premières armes ne furent pas couronnées par le succès ; mais il répara bientôt après ses échecs, dus au petit nombre de ses soldats et à leur armement défectueux, en battant à plusieurs reprises les généraux espagnols et les chassant du Vénézuéla.

Ces hauts faits d'armes lui valurent un commandement dictatorial dans cette province, où il eut continuellement à lutter contre les bandes de Llaneros et d'esclaves à la solde des ennemis naturels de l'indépendance et de la liberté.

Mais ils comptaient sans l'énergie et la persévérance à toute épreuve de Bolivar, qui, plein de foi dans sa mission civilisatrice, ne se laissa jamais abattre, jamais décourager !

Ce fut, au contraire, ce robuste et vaillant républicain qui usa à la peine, Espagnols, esclaves et Llaneros, réduisant les premiers et se faisant des autres de puissants auxiliaires gagnés à sa cause par sa bravoure et son stoïque désintéressement.

De nombreux échecs suivis d'autant de succès signalèrent, on le comprend sans peine, cette phase de la guerre de l'indépendance, qui n'avait pas duré moins de dix ans.

Mais il avait réussi, et il ne lui resta plus, dès lors, qu'à consolider l'œuvre immense qu'il avait entreprise, en lui donnant une constitution des plus libérales, et lorsque, nouveau Cincinnatus, il descendit volontairement du pouvoir, il eut la suprême consolation de se dire qu'il avait rendu la liberté à tout un peuple et créé une République viable. Aussi le pays reconnaissant lui conféra-t-il le titre glorieux de Libérateur.

1870! Encore une date néfaste pour la France! heureuse pour le Vénézuéla! Plus d'un demi-siècle s'est écoulé. Un des successeurs de Bolivar, le général Antonio Guzman Blanco, est mis à la tête de la République.

Ce grand homme d'État, par ses idées progressistes, son courage, ses talents, sa persévérance, son dévouement à la Patrie et sa sagesse, couronnement de toutes ces vertus, a assuré définitivement la prospérité du Vénézuéla. Tous ses efforts ont tendu à ramener la paix et la conciliation là où régnaient auparavant la guerre et la haine des partis politiques. Désormais, grâce à lui, les discordes civiles ne sont plus à redouter, et ce peuple généreux n'a aujourd'hui qu'une préoccupation : celle de se livrer au développement de son industrie, de son commerce et de ses richesses territoriales.

DE CAZENEUVE.

1

Situation. — Limites. — Côtes. — Superficie. —
Golfes. — Baies. — Ports. — Iles. — Lacs et lagunes.
— Caps. — Montagnes. — Fleuves et rivières.

Le Vénézuéla est situé au nord de
l'Amérique méridionale; il est bai-
gné par la mer des Antilles et
l'Océan Atlantique, limité à l'est
par le Rio-Esequebo, qui le sépare de
la Guyane anglaise; au sud, par les Sierras
Juraguaca et Pacaraïma sur la frontière brésilienne; à l'ouest, par la Colombie.

Le développement de ses côtes est considérable, il atteint 3,020 kilomètres. Le littoral commence par une langue de terre qui s'avance dans la mer des Antilles, elle borde du côté de l'occident le golfe de Maracaïbo.

La côte orientale de ce golfe a pour limite une presqu'île, la Paraguana, qui se rattache au continent par l'isthme très étroit de Médanos. Au point où cet isthme joint le continent on trouve le port de Coro. En avançant vers le sud-est, on atteint, dans la partie la plus rentrante de la côte, le port de Puerto-Cabello. A 120 kilomètres de ce port, du côté de l'orient, on trouve la ville et le port de la Guayra ; puis on arrive au cap Codera. A partir de cet endroit la côte rentre et forme un grand arc concave, à l'extrémité duquel s'élève la ville de Cumana.

En avant de cette ville règne, dans la direction de l'ouest à l'est, une longue côte abrupte qui s'étend jusqu'au voisinage de l'île de la Trinité. Au midi de ce rempart érigé par la nature contre les efforts de l'océan, la côte rentre et gagne la bouche la plus occidentale de l'Orénoque.

Le Vénézuéla a 1,242 kilomètres du nord au sud ; 1,672 de l'est à l'ouest ; son contour est de 6,000 kilomètres, et sa superficie, y compris les territoires sur lesquels il a des droits, de 1,552,741 kilomètres carrés.

Il possède : 1° cinquante baies et trente-deux ports, dont les principaux sont, à part ceux déjà nommés : Bolivar, La Vela, Barcelone, Carupano, Barancas et Borburata ;

2° Soixante-onze îles dispersées le long de ses côtes, entre autres Marguerita, Cubagna, Avès, Tortugo, Coche, Burro, Providencia,

La Blanquilla, Zapara, Orchila, Grand
Roc;

3º Deux lacs : celui de Maracaïbo, qui
communique, par un détroit de 36 kilomètres, avec la mer des Antilles; et celui de
Valencia, dont les bords, ornés d'une végétation féconde, jouissent d'une température
des plus agréables;

4º Deux cents lagunes, dont les principales sont celles de Tacanigua, dans l'État
Bolivar; de Zulia et de Sinamaica, dans
l'État Zulia;

5º les caps de Tres-Puntas et Malapascua
à l'est, Codera et Blanco au centre, San-
Roman et Chichibacoa à l'ouest.

Le système montagneux comprend trois
branches bien distinctes : d'abord, la branche
des Andes, qui sépare le bassin de l'Orénoque

de celui du Maracaïbo, et se bifurque près Truxillo. Elle pénètre dans le Vénézuéla par l'ouest. Un de ses rameaux se dirige vers le nord et se termine dans la presqu'île de Goahiros avec la Sierra de Perija, haute seulement de 1,300 mètres; l'autre, qui se dirige vers le nord-est, atteint, sous les noms de Sierra de Merida et de Sierra de las Rosas, une bien plus grande élévation, et forme une masse large et compacte, où, à l'est de Merida, les pointes de la Nevada de Mucuchiès atteignent une élévation de 4,230 et 4,012 mètres. On distingue encore les monts Salado (4,240 m), Conejos (4,180 m), Santo Domingo (4,146 m).

La deuxième branche, qui longe la côte sous le nom de montagnes du littoral, forme, en raison de ses ramifications propres qui s'écartent du système des Cordillières, un système de montagnes particulier, et renferme les parties les plus belles et les mieux cultivées. Dans le district fédéral on remarque la silla de Caracas, qui a pour tête le Cerro del Avila, dont la hauteur est de 2,630 mètres; le pic de Naiguata (2,800 m), les monts Imataca, Usupano, Rinocote et Roraima. Enfin, au sud-est, la Sierra Parime, et la Cordillière Pacaraime, qui sépare le Vénézuéla du Brésil, forment la troisième branche. Il existe dans la chaîne des Andes, au sud de Cumana, un volcan appelé « Puracé ». Dans un rayon d'environ quarante lieues autour de ce volcan, le tremblement de terre de 1796 exerça de cruels ravages.

La constitution géologique de ces montagnes est fort variée. Les bases presque toujours sont de granit, mais elles ont été recouvertes par l'épaisseur prodigieuse de couches plus récentes, surtout par des schistes. Les sommets sont de formation basaltique et porphyrique.

Mille cinquante-quatre fleuves ou rivières arrosent le vaste territoire de la République. Sur ce nombre deux cent trente se jettent directement dans la mer; quatre cent trente-six dans l'Orénoque; cent-vingt dans le golfe et le lac Maracaïbo; quatre-vingt onze dans le Cuyuni et l'Esequibo; cent vingt-quatre dans les golfes Curiaco et Paria; vingt-deux dans le lac Valencia, et trente-six dans le Rio-Negro et l'Amazone.

Nous allons donner quelques détails sur les plus importants de ces cours d'eau.

L'Orénoque a 2,374 kilomètres de longueur, son volume moyen et de 14,000 mètres cubes. Il prend sa source dans la Sierra Parima et décrit tout son cours dans la République. Au pied du mont Duida il se divise en deux branches : l'une continue son chemin dans la même direction; l'autre, qui porte le nom de Cassiquiare, coule vers le Rio-Negro.

L'Orénoque se dirige ensuite vers le nord-ouest, se grossit à San-Fernando de deux affluents, l'Atabapo et le Guaviare; puis va droit au nord. Après avoir dépassé les rapides de Maipures et d'Atures, il reçoit l'Apuré, arrose ensuite la ville de Bolivar, et se termine par un delta qui commence à s'ouvrir à quelques kilomètres de Barrancas et va épanouir la vaste demi-circonférence de ses nombreuses bouches dans le golfe Triste et dans l'Atlantique, sur une étendue de quarante-cinq lieues marines. Ce delta est couvert de belles forêts et divisé par mille canaux en îles sans nombre.

A part les affluents déjà cités, l'Orénoque reçoit, à droite, les rivières Padamo, Ventuari, Sipapo, Guapuré, Cachivero, Caura, Caroni, et à gauche les Rio-Vichada, Tomo, Meta, Arauca, Manapire, Mamo, ainsi qu'une infinité de cours d'eau de moindre importance.

Le bras de l'Orénoque qui forme le Cassiquiare coule sur la limite de la Colombie.

Après avoir traversé d'épaisses forêts, il se jette dans le Rio-Negro, ouvrant ainsi une importante communication entre l'Amazone et l'Orénoque. Le Cassiquiare, dont le cours est de 401 kilomètres, reçoit de nombreux affluents. Sur les rives de l'Orénoque se trouvent les villages suivants : Almacen,

Borbon, Moïtaco, La Piedra, Las Bonitas,
Boca del Pao, Santa-Cruz, Mapire, La Ur-
bana, Quachapana, Caïcara, Cabruta,
Atures, Tremblador, Esmeralda.

Le Rio-Padamo sort de la Sierra Mara-
gua à peu de distance des sources de l'Orénoque et se jette dans ce fleuve au pied du
mont Duida, après un cours de 357 kilomètres.

Le Rio-Ventuari prend sa source dans
les montagnes de la Parime et se jette dans
l'Orénoque. Son cours est de 652 kilomètres.

Le Rio-Aro a sa source dans les montagnes des environs de San-Felipe et se jette

dans l'Océan Atlantique, au golfe Triste, après un cours de 351 kilomètres.

Le Rio-Caura prend sa source dans les montagnes de Maygualida, coule sur un lit coupé de rochers, ce qui en rend la navigation difficile, reçoit plusieurs affluents, et se jette dans l'Orénoque près d'Achinutar, après un cours de 975 kilomètres.

Le Rio-Caroni prend sa source dans le pays des Caraïbes, coule du sud au nord entre des bords pittoresques, et se jette dans l'Orénoque après un cours de 1,031 kilomètres, par 8° 25′ de latitude nord et 65° 5′ de longitude ouest.

Il reçoit à droite l'Acanam et à gauche l'Yoni et le Paragua.

Les nombreuses îles et les rochers qui obstruent certaines de ses parties en rendent la navigation difficile.

Le Rio-Suapure descend du versant ouest de la Sierra Maggualida, arrose la Guyane vénézuélienne, et se jette dans l'Orénoque après un cours de 284 kilomètres.

Le Rio-Paragua prend sa source dans la Sierra Pacaraima, près de la frontière brésilienne, et se jette dans le Caroni un peu au-dessous de Barcelonnette, vers 7° 5′ de latitude nord et 65° 10′ de longitude ouest, après un cours de 685 kilomètres.

Le Rio-Imataca coule dans le district de

Caracas et se jette dans l'Orénoque après un cours de 228 kilomètres.

Le Rio-Guaviare prend sa source dans la Sierra de Pardaos (Colombie), traverse les plaines de Santa-Fé de Bogota et de San-Juan de los llanos, et se jette dans l'Orénoque près de San-Fernando d'Atabapo, après un cours de 1,170 kilomètres.

Cette rivière est infestée de caïmans.

Le Rio-Inirida est un affluent de droite de la rivière précédente. Il naît dans la Sierra Tunuhy (Colombie) et se jette dans le Guaviare à 22 kilomètres de San-Fernando. Son cours atteint 685 kilomètres.

Le Rio-Vichada prend sa source dans
les montagnes du pays de San-Juan de los
llanos et se perd dans l'Orénoque près de
Coituria. Son cours est de 513 kilomètres.

Le Rio-Meta prend sa source dans la
Cordillière des Andes et se jette dans l'Orénoque sous 6° 10′ de latitude nord et 70° 4′ de
longitude ouest, après un cours de 1,170 kilomètres. Ses affluents principaux sont : l'Upia,
le Casiana, le Chire et le Casanore à gauche;
la Guahivas à droite.

Le Rio-Meta est large, profond, et renferme une multitude de poissons.

Le Rio-Negro, qui coule dans le sud de
la République, prend sa source dans les

llanos de la Colombie, vers 2° 3o' de latitude nord et 74° de longitude ouest. Il communique avec l'Orénoque par la rivière de Cassiquiare. Son cours, qui est de 892 kilomètres, se déroule à travers de vastes forêts. Ses eaux sont, à son confluent, d'une couleur noire : de là son nom. Il se jette dans l'Amazone un peu en aval de Manaos.

L'Apure prend sa source dans la Sierra de Merida, à 75 kilomètres nord-ouest de Varinas. Il coule d'abord du nord-est au sud-ouest pendant 65 kilomètres, puis du nord-ouest au sud-est pendant 140 kilomètres. Il est grossi des eaux de la Sarare, de l'Uriticcu, du Guarico, du Canaguan, du Saint-Domingue, du Mauporro, etc., etc., la plupart navigables. Il se jette par plusieurs bras dans l'Orénoque.

L'Apure a un bassin considérable, qui occupe la majeure partie du Vénézuéla occidental.

Le Guarico prend sa source au sud-est du lac de Valencia, à 80 kilomètres sud-ouest de Caracas, arrose San-Sebastian do Reys, et se jette dans l'Apure après un cours de 691 kilomètres. Son principal affluent est l'Usitucu.

Le Rio-Manapire prend sa source près de Chaguarama (province de Caracas), et se jette dans l'Orénoque après un cours de 351 kilomètres.

Le Rio-Manapiari descend de la Sierra

Mayguálida et se jette dans le Ventuari après un cours de 130 kilomètres.

Le Rio-Mamo est une rivière navigable, qui prend sa source à 43 kilomètres est de Chamariapa (province de Cumana) et se jette dans l'Orénoque sous le 8° 15′ de latitude nord, et 65° 6′ de longitude est, après un cours de 175 kilomètres.

Le Rio-Zulia, qui donne son nom à une province, se jette dans le lac de Maracaïbo après un cours de 368 kilomètres.

Le Rio-Atabapo a sa source au sud-ouest d'Esméralda, et se jette dans l'Orénoque, près de San-Fernando.

Il est large de 800 mètres à son embouchure, et roule des eaux noirâtres. Son cours est de 307 kilomètres.

Le Rio-Cuyuni prend sa source près de la lagune de Parime, arrose le département de Cumana, en coulant du nord au sud, et se jette dans l'Esequivo. Il reçoit de nombreux affluents et a un cours supérieur à 1,000 kilomètres.

Le Tui prend naissance à 44 kilomètres sud-ouest de Caracas, dans un vallon circulaire entouré des montagnes San-Pedro.

Ce fleuve arrose une des vallées les plus fertiles du district de Caracas. Son cours est de 307 kilomètres depuis sa source jusqu'à la mer; il est grossi par trente-neuf torrents, une multitude de ruisseaux, et est navigable, à partir d'Araguïta, sur une longueur de vingt-quatre lieues.

Le Poumaron prend sa source dans la Sierra Yonataca et se jette dans l'Océan Atlantique par une embouchure large et profonde.

L'Unare naît aux environs de la ville qui porte son nom et se jette dans la mer des Antilles après un cours de 284 kilomètres du sud au nord.

Ce fleuve est navigable jusqu'au village de San-Antonio de Clarinas, situé à 26 kilomètres de la mer.

Le Rio-Portugueza naît dans la section de Zulia, coule à l'est et au sud, et reçoit le Guamare, le Cojedès, le Bocono, puis tombe dans l'Apure après un cours de 535 kilomètres.

Le Rio-Bocono prend sa source dans la Sierra Merida, à 16 kilomètres de Truxillo, et se jette dans la rivière précédente après un cours de 568 kilomètres.

Le Rio-Tocuyo sort des montagnes de la province de Caracas et se jette dans la mer des Antilles après un cours tortueux de 535 kilomètres. Cette rivière est navigable sur un parcours d'environ 180 kilomètres.

Le Rio-Guanare a un cours de 457 kilomètres; il traverse la ville qui porte son nom, et se jette ensuite dans le Bocono.

Le Rio-Cojedès prend sa source dans les montagnes situées au sud-ouest du lac Valencia, baigne les villes de Cojedès et Bunia, puis se jette dans la Portugueza après un cours de 334 kilomètres.

Le Rio-Guarapiche naît dans les Sierras de Bergantin, et se jette dans le golfe de Paria après un cours de 307 kilomètres.

Le Rio-Motatan prend sa source près de Caracas, et se jette dans le lac de Maracaïbo après un cours de 295 kilomètres.

Mentionnons encore les fleuves ou rivières Mazaruni, Siapa, Yuruari, Cunucunuma, Ocamo, Pacimoni, Yacabaro, Purini, Aguirre, Mavaca, Caparro, Guanipa, Uribante, Suripa, Páguëc, Canagua, Masparro, Socui, Escalante, qui prennent leur source dans les montagnes du Vénézuéla, et dont le cours varie de 600 kilomètres à 173, et l'Arauca, le Catasumbo et le Sarare, qui naissent sur le territoire des États-Unis de Colombie.

II

Aspect général du pays. — Climat. — Agriculture. — Production animale. — Concessions de terrains.

LES États-Unis de Vénézuéla se divisent naturellement en trois zones bien distinctes :

1° La région agricole du littoral;

2° La région des llanos ou terres plates;

3° La région de la Parime, ou des montagnes et forêts.

La première comprend toute la partie montueuse du littoral et s'étend au sud jusqu'aux llanos. Elle est formée de vallées dont la terre, fécondée par les pluies, est d'une rare richesse, et de montagnes couvertes d'épaisses forêts.

Cette région renferme, concentrée entre les montagnes et la mer, près des deux tiers de la population. Sa superficie est de 270,000 kilomètres carrés.

La région des llanos, située entre les montagnes du littoral et le mont Parime, depuis l'embouchure de l'Orénoque jusqu'au pied des Cordillières de la Colombie en occupant le centre du pays, s'étend de l'ouest à l'est.

Les llanos, dit Humboldt, sont de vastes plaines d'herbes, hautes d'un à trois mètres,

parcourues par des troupeaux de bœufs à
demi sauvages, que surveillent les llaneros.

Ceux-ci, race robuste et farouche, passent
presque toute leur vie à cheval, comme les
Gauchos des Pampas. Ce sont des métis de
blancs, d'indiens et de nègres, vivant en plein
air, endurcis à toutes les fatigues, capables
d'arrêter net avec leur lasso un taureau
sauvage, et d'attaquer en face le jaguar.
Leurs bandes, enrôlées sous les drapeaux
des divers partis politiques qui se disputent
le pouvoir, ont été par leur valeur aussi
funestes au pays qu'elles lui ont été parfois
utiles.

Quand vient l'été, les llanos changent
d'aspect, l'herbe se flétrit et se dessèche; à
la place de la prairie s'étend le désert pul-
vérulent, sans eau, à part quelques flaques
croupissantes où grouillent les alligators et
d'énormes reptiles.

1*

A la saison des pluies, toutes les rivières
inondent leurs rives, le flot recouvre la sur-
face desséchée; seules quelques mesos ou
tables émergent au-dessus des eaux et servent d'asile aux hommes, aux troupeaux et
aux animaux sauvages. Il semble que la
mer ait repris son empire.

Les llaneros des rives des fleuves, pour
échapper à l'inondation, se réfugient dans
les cabanes juchées sur de longues perches,
et de leurs demeures aériennes ils jettent
l'hameçon pour se procurer la seule nourriture qu'ils puissent espérer pendant plusieurs semaines. L'inondation passée, le sol
est recouvert d'une boue molle et fétide qui
engendre des maladies jusqu'au moment où
les hautes herbes reparaissent.

De grands changements se sont produits

depuis l'époque où Humboldt a écrit ces lignes. De vastes contrées ont été assainies, et on aperçoit de nombreux bouquets d'arbres qui deviennent de moins en moins épais et de plus en plus petits, il est vrai, à mesure que l'on s'enfonce dans l'intérieur des terres, mais nulle part, aujourd'hui, les arbres ne manquent tout à fait.

Quelques tribus indiennes à peu près indépendantes, les Otomacos, les Guahibos, les Guamos, se trouvent encore dans la région des llanos, dont la superficie est supérieure à 380,000 kilomètres carrés.

La région de la Parime, ou des montagnes et forêts, occupe toute la partie du Vénézuéla située au sud et à l'est de l'Orénoque.

Quelques missions chrétiennes ont essayé

à différentes époques de convertir les Indiens
qui l'habitent et de les grouper en villages,
mais, devant leur peu de succès, elles ont
dû se retirer, et les Indiens sont rentrés dans
leurs magnifiques forêts, où croissent par
centaines d'espèces les arbres et les plantes
utilisés pour leur bois, leur écorce, leurs
feuilles, leurs fruits, leurs grains ou leurs
gommes.

Cette région, qui mesure 560,000 kilomètres carrés, est très peu peuplée; sa partie
méridionale appartient au pays des rochers
sculptés, qui comprend le bassin de l'Esse-
quibo et ceux du haut Orénoque, du Cassiquiare, du Rio-Negro et de la moyenne
Caqueta.

Souvent, dans toute cette contrée, on rencontre des rochers de syénite couverts de
sculptures symboliques et hiéroglyphiques,
exécutées avec soin et représentant des

figures colossales de crocodiles, de tigres, d'hommes, du soleil, de la lune, etc., etc., derniers vestiges d'une civilisation complètement détruite.

Subissant l'influence de mille circonstances particulières, les différences de relief, d'exposition, de terrain, la durée des pluies et des sécheresses, les climats n'ont point de limites rigoureusement définies et sont modifiés diversement par toutes ces causes, réalisant ainsi par leurs contrastes les plus beaux paysages de l'univers.

Certaines montagnes sont couvertes de neiges perpétuelles, tandis que de vastes plaines subissent un climat équatorial. D'autres régions présentent des climats pareils à ceux du sud de l'Europe, car, au lieu de neige et de gelée, on y trouve une végétation continue, et des pluies abondantes qui reproduisent le printemps et l'automne des pays tempérés.

D'une façon générale, on peut dire qu'il n'existe au Vénézuéla que deux saisons : la saison sèche ou été, et la saison des pluies ou hiver. La première commence en novembre et finit en mai, la seconde commence en juin et dure cinq mois. Les plus grandes chaleurs se font sentir d'avril en octobre.

Voici le résultat moyen des observations météorologiques faites dans la région de Caracas.

TEMPÉRATURE EN HIVER

6 heures du matin . . .   15° centigrades.
2 heures (jour) . . . . .   23°   —
10 heures (soir). . . . .   17°   —

Température en Été

6 heures du matin . . . 22° centigrades.

2 heures (jour) . . . . 27° —

10 heures (soir) . . . . 24° —

Hygromètre de Saussure : 18.

Composition de l'Air sur 100 parties

Oxygène . . . . 28 ⎫

Hydrogène . . . . 62 ⎬ 100

Azote, etc. . . . . 10 ⎭

Oscillation du pendule : 1,270 en 15 minutes.

Boussole : 43 52/100.

Le Vénézuéla est un des pays qui offrent le plus de variétés de produits naturels. Son

sol est d'une fertilité extraordinaire. Le blé,
le maïs, l'orge, les pommes de terre, l'arracach, l'igname, les plantes potagères et mé-
dicinales, et presque tous les fruits d'Europe
peuvent croître et prospérer dans cette magnifique contrée, à côté d'au moins soixante
espèces de palmiers, des bananiers, des cafiers,
des manguiers aux fruits savoureux, des
cocotiers, des calebassiers, dont les pauvres
gens se servent pour faire des vases à boire,
des cotonniers, des ficus (arbres à caoutchouc), du tabac, du coumarouna odorata,
dont les fèves sont expédiées en grande
quantité sur l'Amérique du Nord, où elles
sont l'objet d'un commerce très important.
Chaque arbre peut produire près de 13 kilogrammes de graines. Le fruit est une gousse
charnue ressemblant à une petite mangue. Il
est très employé en parfumerie et par certains
médecins qui le considèrent comme un suc-

cédané de la quinine, après toutefois lui avoir fait subir un commencement de germination.

L'arbre à lait, qui donne un produit aussi pur et aussi bon que le lait de vache; l'angostura, dont on fait une liqueur excellente; le cuajo, qui produit une huile qui sert à faire des bougies et du savon; la yuca, la canne à sucre, l'indigo, le coton, le cacao, la vigne trouvent dans plusieurs provinces un climat des plus convenables à leur développement.

Dans certaines régions, le blé n'a besoin que de rester cinq mois en terre pour être moissonné; semé en juin, on le coupe en novembre ou décembre.

Le maïs produit aussi au bout de cinq mois de plantation, et rend de 700 à 900 fr. par hectare.

L'orge ensemencée au commencement de la saison des pluies donne un excellent grain.

Les pommes de terre qu'on sème au mois de mars sont bonnes à recueillir en septembre, tandis qu'on récolte en janvier celles que l'on sème en septembre.

L'arracach, à la racine farineuse, plantée au mois de juin, donne sa récolte huit mois après.

L'igname mûrit après quatorze mois.

Le café que l'on sème en mai et en juin se récolte, deux ans après, en décembre, janvier et février.

Les bananiers produisent au bout de quatorze ou quinze mois.

Le tabac, planté en septembre, mûrit en février; il en est de même des pois-chiches.

Le palmier à cire, qui déploie avec orgueil son élégant feuillage et s'élève à plus de 20 mètres, donne un excellent produit.

Les résultats de la culture du coton, qui a pris une grande extension depuis 1862, sont magnifiques.

Les bois les plus précieux pour la marqueterie et la teinture peuplent les forêts ; les quinquina abondent sur les crêtes, que couronnent une foule de végétaux toujours verts et sans cesse arrosés par des pluies nécessaires à l'entretien de cette végétation luxuriante.

Voici, approximativement, le nombre d'hectares consacrés aux principales cultures.

Café	139,000 h.
Canne à sucre	40,000 h.
Bananes	37,500 h.
Graines diverses	40,000 h.

Cacao . . . .   25,000 h.

Maïs . . . .   27,000 h.

Yuca . . . .   10,000 h.

Fruits, gommes, résines.   8,500 h.

Coton . . . .   6,000 h.

Tabac . . . .   6,000 h.

Blé . . . .   4,000 h.

Coco . . . .   800 h.

Indigo . . . .   600 h.

Anis . . . .   595 h.

Le produit brut moyen par hectare s'élève
à 691 francs; en France, il atteint à peine
180 francs. Le manioc rend de 1,500 à
2,000 francs, et la canne à sucre près de
2,400 francs.

Les gros pâturages et les riches vallées

nourrissent de nombreux troupeaux de bétail, formant ensemble 2,900,000 têtes.

Les moutons sont très estimés pour la délicatesse de leur chair et la finesse de leur laine.

On compte sur toute l'étendue du pays plus de 3oo,ooo chevaux, la plupart de petite taille, et 1,000,000 d'ânes et de mulets.

La production animale annuelle du Vénézuéla est évaluée à 6o,ooo,ooo de francs. Une vache vaut 70 francs ; avec son petit, de 8o à 1oo francs. Un bœuf de boucherie, de trois à quatre ans, se vend de 15o à 2oo francs.

Les cerfs et les chevreuils abondent dans les forêts.

On voit, par ce qui précède, que la nature s'est montrée prodigue de ses dons envers ce magnifique pays.

2

Jusqu'en 1883, le gouvernement pouvait
accorder aux nationaux et aux étrangers des
concessions gratuites de terrain. A partir de
cette époque, une loi est venue modifier cet
état de choses. En effet, aujourd'hui tout
concessionnaire est soumis aux obligations
suivantes :

1° A cultiver, dans les trois ans qui suivront l'adjudication, la moitié au moins des
terrains demandés, sans quoi la concession
sera révoquée à son préjudice, sans autre
formalité que la déclaration faite par le gouvernement fédéral, le motif donnant lieu à
la révocation étant justifié.

2° S'il s'agit de terrains pour élever les
bestiaux, l'obligation doit être de s'y établir
et de les occuper un an après leur adjudication, sous la même peine établie au para-
graphe précédent.

L'hectare de terrain ne pourra être évalué à moins de 40 francs, et la lieue de ceux propres à l'élevage du bétail à moins de 2,000 francs.

Aucune concession de terrain ne peut être faite, en faveur d'un seul individu, pour plus de 500 hectares agricoles ou pour plus de 2 lieues pour l'élevage [1].

(1) Voir, à l'*Appendice*, la loi sur les terrains vagues.

III

Population. — Langues. — Religions. — Instruction publique. — Armée de terre. — Armée de mer. — Distinctions honorifiques.

L A République de Vénézuéla comptait, au moment de la déclaration d'indépendance, 900,000 habitants environ.

En 1844 . . . . . 1,052,400 h.

En 1864 . . . . . 1,560,000 h.

En 1884 . . . . . 2,121,988 h.

Elle est actuellement de 2,300,000 habitants en chiffres ronds.

Sur ce nombre on compte 35,000 étrangers qui, d'après leur nationalité, se répartissent de la façon suivante :

1° EUROPÉENS

Espagnols. . . . . 11,580 h.

Anglais . . . . 4,041 h.

Italiens . . . . 3,237 h.

Hollandais . . . . 3,206 h.

Français . . . . 2,186 h.

Allemands . . . . 1,171 h.

Danois . . . . 204 h.

2° AMÉRICAINS

Colombiens . . . . 8,767 h.

Américains du Nord . . . 179 h.

Autres Américains du Sud. 78 h.

3° DIVERS

Asiatiques, Africains, Océa-
niens . . . . 341 h.

La densité de la population est de 1, 4 par
kilomètre carré.

Une liberté complète est assurée par les
lois aux étrangers qui résident dans les
États vénézuéliens. Ils jouissent de la même
sécurité personnelle que celle garantie aux
nationaux, quelles que soient d'ailleurs leur
religion, leur nationalité, leur race.

Ils ne sont soumis ni à la conscription ni
à aucun service militaire.

Une sûreté complète, pour leurs biens et
pour leur honneur, leur est garantie.

Il est accordé aux sujets étrangers les
mêmes droits que ceux accordés aux Vénézuéliens relativement aux industries à exercer. Ils sont soumis, comme ceux-ci, à la
juridiction des mêmes tribunaux.

Les étrangers peuvent acquérir et devenir
propriétaires, à l'égal des nationaux et aux
mêmes conditions.

La loi du pays considère comme citoyens
vénézuéliens les fils d'étrangers nés au Vénézuéla.

Les Vénézuéliens sont doués, pour la plupart, d'une intelligence vive et d'une âme
prompte à l'émotion. Leur taille est générale-
ment au-dessus de la moyenne. Ils ont le
caractère très doux, sont généreux et hospi-
taliers, et s'instruisent avec une surprenante
rapidité.

Chez eux il n'y a point de suicides, et l'infanticide est un crime inconnu.

Les habitants des llanos sont forts, agiles et robustes.

La langue espagnole se parle presque partout. Quelques tribus indiennes, telles que les Caraïbes, dans le bassin du Cuyuni; les Yaruros, Mapayos, Guamos, Panarès, Quivas, Guaharibos, Piaroas, Macos, Banibas, Puinabes, Piapocos, Maquiritares, Barès et Ariguas, sur les bords de l'Orénoque; les Ottomaques, entre le Meta et l'Apure, parlent de nombreux dialectes.

La religion catholique est professée par la grande majorité des Vénézuéliens. Le chef du clergé de la République est l'archevêque-

primat, en résidence à Caracas. Ce haut di-
gnitaire ecclésiastique a sous ses ordres six
évêques, placés chacun à la tête d'une région. Les évêques sont nommés par le Congrès, avec l'approbation du Saint-Siège. Les
cultes dissidents, qui jouissent d'une entière
liberté, possèdent quelques églises dans les
principales villes.

Un décret, en date du 27 juin 1870, rendu
sous l'administration du général Guzman-
Blanco, a institué l'obligation et la gratuité
de l'enseignement primaire.

Encouragée par le gouvernement, qui ne
lui ménage pas ses subventions, l'instruction
publique prend tous les jours de nouveaux
développements. Plus de treize cents écoles
fédérales sont ouvertes aux enfants des deux
sexes; il y a, en outre, un collège de jeunes

gens dans chaque État de la République, ce qui forme, avec les six cents écoles municipales et particulières, un total supérieur à dix-huit cents établissements scolaires, fréquentés par plus de cent mille écoliers.

Caracas, la capitale, possède une des universités les plus savantes de l'Amérique;

Une Académie qui correspond avec les corps savants des autres pays;

Une École de droit;

Une École de théologie;

Une Faculté de médecine;

Une Académie des beaux-arts;

Une École des ponts et chaussées et des mines;

Une École de télégraphie électrique;

Un Conservatoire des arts et métiers;

Une École polytechnique;

Une École normale, deux collèges nationaux de jeunes filles, trente-deux institutions et quatre collèges particuliers; vingt-cinq écoles municipales et quatre-vingt-dix-sept fédérales fréquentées, en 1887, par sept mille élèves. On voit, par ces chiffres, que Caracas se trouve, au point de vue de l'instruction, au niveau des principales villes européennes.

Mérida possède une université, un collège d'enseignement supérieur, un autre d'enseignement secondaire, et plusieurs écoles primaires.

Ciudad-Bolivar compte un collège national, dix écoles fédérales, et de nombreux établissements d'instruction municipaux ou particuliers.

Valencia est le siège d'une École normale, de deux collèges, et d'un grand nombre d'écoles fédérales et particulières.

Puerto-Cabello n'a pas moins de seize écoles fédérales et communales; on y trouve aussi plusieurs collèges municipaux et particuliers.

Coro a deux collèges et dix écoles fédérales.

Maracaïbo, un collège national d'enseignement supérieur, une école de mathématiques, un collège national de jeunes filles, plusieurs collèges de jeunes gens, et douze écoles primaires fédérales.

La Guayra, dix écoles fédérales.

Barquisimeto, un collège national secondaire et dix-neuf écoles fédérales.

Les bibliothèques sont nombreuses : celles de Caracas, qui compte quarante mille volumes; Bolivar et Merida, sont très importantes.

Plusieurs musées nationaux, des plus riches en antiquités, souvenirs historiques, collections ethnographiques, zoologiques et géologiques, sont ouverts tous les jours aux visiteurs.

Vingt-trois journaux politiques, scientifiques, littéraires, artistiques, commerciaux,
financiers, etc., etc., se publient à Caracas;
douze à Maracaïbo; neuf à Coro; cinq à Barquisimeto; quatre à Valencia; quatre à Cumana; trois à La Guayra; deux à Puerto-
Cabello; et une soixantaine, au moins, dans
les autres villes de la République.

Le Vénézuéla présentant une étendue considérable, plus de deux fois la superficie de
la France, et ses côtes mesurant 3,020 kilomètres, on comprend sans peine que ce pays
soit dans l'impossibilité absolue d'entretenir
sous les armes des troupes en assez grand
nombre pour la défense de son territoire.

L'armée vénézuélienne, très instruite et
bien disciplinée, ne compte, en effet, en temps
de paix, que six bataillons d'infanterie à six

compagnies, une compagnie de cavalerie et
une d'artillerie, le tout formant deux mille
hommes, vêtus d'uniformes gracieux et munis
de bonnes armes. L'état-major comprend neuf
généraux, cent soixante-neuf officiers et sept
médecins.

Mais, en temps de guerre, le nombre des
soldats peut être augmenté dans les propor-
tions jugées nécessaires. De plus, chaque
État possède une milice dont l'effectif est va-
riable et qui, en cas d'alerte, peut être immédiatement appelée à l'activité. D'après la
loi, tout Vénézuélien est soldat de dix-huit à
cinquante ans.

L'armée tient garnison dans les villes de
Caracas, La Guayra, Maracay, Valencia,
Barquisimeto, Coro, Cumana, Saint-Antoine
de Tachira, Ciudad-Bolivar, Maturin, et
dans les forteresses San-Carlos et Libertador.

La marine de guerre comprend trois navires à vapeur, deux navires à voiles, commandés par sept officiers et huit aspirants
très instruits, et manœuvrés par des équipages fort bien exercés.

Il existe à Caracas une École pour les
élèves-officiers, et à Maracaïbo une École
de marine.

Les dépenses occasionnées par les armées
de terre et de mer s'élèvent à 2,425,537 francs.

A peu près toutes les nations civilisées
possèdent des Ordres de chevalerie ou d'autres
distinctions honorifiques, destinées à récom-
penser les vertus, le mérite et les services
rendus à la patrie, comme aussi ceux rendus
à l'humanité et à la civilisation des peuples.

La République de Vénézuéla en compte
quatre, savoir :

1° L'Ordre national du Libérateur, créé en 1825, réorganisé une première fois en 1854, puis en 1880 et 1881, par S. Exc. le général Guzman-Blanco. Cet Ordre forme cinq classes. Le nombre des décorés des trois dernières est illimité ; celui de la deuxième est fixé à cent, et la première à cinquante.

L'insigne consiste en une médaille d'or, de forme elliptique, posée sur seize rayons d'un centimètre et de douze rayons de six. Cette médaille porte au centre l'effigie du Libérateur, en or mat. Une ellipse, parallèle aux bords de la médaille, en émail bleu, contient cette inscription en or : « Simon Bolivar, » et, au dessous, une branche d'olivier. Le revers représente les armes du Vénézuéla, en relief.

Le ruban se compose de trois bandes d'égale largeur : jaune, bleue, rouge.

2° L'Ordre du Mérite, fondé le 29 août

1861, qui comprend trois classes : grand-croix, commandeur et chevalier.

Le ruban est rouge, avec un liseré bleu sur chaque bord.

3° La croix de Caracas, qu'un décret du 3 avril 1877 réserve aux membres de l'Institut national des beaux-arts, et qui n'a qu'une seule classe.

Le ruban est bleu, avec un liseré vert sur chaque bord.

4° Enfin la Médaille d'honneur de l'instruction publique.

Toutes ces décorations sont conférées par le Président de la République, sous l'approbation du Conseil fédéral, et les nominations sont publiées par le journal officiel. Celles qui sont conférées à des étrangers leur sont remises par le ministre des affaires étrangères de leur pays, quand il n'existe pas de légation du Vénézuéla.

Le Président de la République déclare déchu du droit à ces décorations ceux qui sont condamnés à des peines infamantes.

IV

Régime politique. — Pouvoir législatif. — Pouvoir exécutif. — Pouvoir judiciaire. — Divisions administratives. — Villes principales.

L Vénézuéla s'est constitué en république fédérative le 8 mars 1864. Voici en quels termes un écrivain distingué définit le système politique de ce pays.

Le régime politique, dit M. Beck, est conforme aux principes les plus avancés d'un gouvernement républicain, fédéral, alternatif, populaire, électif et responsable. Il y a trois pouvoirs : Législatif, Exécutif et Judiciaire.

Le pouvoir législatif est composé de deux Chambres, celle des députés et le Sénat, qui, réunies, forment le Congrès national.

Les États et le district, par un vote populaire direct et public, et d'après le nombre des habitants, nomment les députés, dans la proportion d'un député pour 35,000 habitants, et un député de plus pour un excédant de 15,000. Les législatures des États nomment directement trois sénateurs et leurs suppléants respectifs pour chaque État. Les sénateurs, de même que les députés, restent quatre ans dans l'exercice de leurs fonctions.

Les deux Chambres sont composées de cinquante-deux députés et vingt-quatre sénateurs.

Le Congrès, dans la première quinzaine de sa réunion, et tous les deux ans, nomme un sénateur et un député pour chacune des entités politiques, et un député de plus pour le district fédéral, qui forment le Conseil fédéral : le Conseil nomme à son tour parmi ses membres le Président de la République, et de la même manière celui qui est appelé à le remplacer temporairement s'il y a lieu.

Le Président de la République et les membres du Conseil fédéral restent deux ans dans l'exercice de leurs fonctions, et ni le Président, ni les membres du Conseil ne peuvent être réélus pour la période immédiate, bien qu'ils reprennent au Congrès leurs postes respectifs.

Le Pouvoir exécutif est exercé par le Président de la République assisté de ses ministres et avec le vote du Conseil fédéral.

Le Président a aussi certaines attributions qui lui sont propres.

Le pouvoir judiciaire est exercé par la haute Cour fédérale et la Cour de cassation, et dans les États et le district fédéral il y a des cours et des tribunaux organisés pour que les causes qui y naissent y soient définitivement jugées. »

Depuis le vote de la constitution de 1881 [1], les États-Unis de Vénézuéla comprennent un district fédéral, huit grands États, huit territoires fédéraux et deux colonies.

Le district fédéral est Caracas, qui a pour

(1) Voir à l'*Appendice* les articles principaux de cette constitution.

capitale la ville du même nom, qui est aussi capitale de la République.

Les huit États sont :

Bolivar,	capitale	Ciudad-Bolivar.
Guzman-Blanco,	—	Cura.
Falcon-Zulia,	—	Capatarida.
Carabobo,	—	Valencia.
Lara,	—	Barquisimeto.
Les Andes,	—	Merida.
Zamora,	—	Guanare.
Bermudez,	—	Barcelona.

Les huit territoires se nomment : Amazone, Armisticio, Colon, Delta, Goajïra, Caura, Le haut Orénoque et Yuruari, ou Guyane vénézuélienne.

Enfin les deux colonies agricoles portent le nom de Guzman-Blanco et Bolivar.

2*

Le district fédéral compte 85,000 habitants. Ses villes principales sont :

Caracas, grande et belle ville de 70,000 habitants, située par le 69° 25′ de longitude ouest et le 10° 30′ de latitude nord. Elle est élevée de 960 mètres au-dessus du niveau de la mer. Pendant la saison des chaleurs la température moyenne est de 24° centigrades, et celle de la saison froide de 19°.

La ville de Caracas, fondée en 1567 par Diego Losada, et illustrée par les triomphes de Simon Bolivar, qui y est né le 24 juillet 1783, a été entièrement détruite par un tremblement de terre le 26 mars 1812. Dix mille personnes périrent, et un régiment d'infanterie fut enseveli sous les ruines de la ville.

Au moment de la proclamation de l'indépendance elle comptait moins de 30,000 habitants ; on voit qu'elle a fait depuis cette époque de rapides progrès.

Caracas est bâti sur une double pente, et ses rues larges, bien alignées et bien pavées, s'inclinent d'un côté jusqu'au petit fleuve de la Guayra, de l'autre jusqu'à la rivière Ananco.

Ses principaux monuments sont : le palais du Corps législatif et du Conseil fédéral ; l'Université, dont les cours sont ornées des statues de Simon Bolivar, Vargas et Cajigal, ces deux dernières érigées par l'illustre général Guzman-Blanco ; la basilique Sainte-Anne, la cathédrale, les églises de Mercedes, d'Altagracia, du Calvaire, la Sainte-Chapelle, le palais des arts industriels, le Panthéon national, qui renferme le tombeau de Bolivar et une belle statue du Libérateur due au ciseau de Tenerani ; le palais présidentiel, le temple maçonnique, le théâtre Guzman-Blanco, l'arsenal, l'archevêché, l'hôtel de ville, le ministère des finances, le palais du

Fomento, les halles centrales, les abattoirs publics, d'une superficie de 14,000 mètres carrés, l'hôtel de l'assistance publique, le lazaret.

Caracas possède encore plusieurs belles places, ornées de statues et de fontaines monumentales : citons celles de Carabobo, de Guzman-Blanco, au centre de laquelle se trouve la statue équestre de l'illustre Américain ; de Miranda, du Vénezolano, de Washington, d'Avril, de Falcon, de Bolivar, où s'élève une superbe statue du Libérateur.

Les promenades et jardins publics sont fort beaux. Il y a dans la ville quarante ponts, la plupart construits pendant l'administration du général Guzman-Blanco.

Caracas est le siège d'une chambre de commerce française.

El Valle, 4,300 habitants, à 8 kilomètres de Caracas, dans une vallée très fertile. Bains renommés.

Antimano, 2,670 habitants, également à 8 kilomètres de la capitale. Cette petite ville, qui est située dans une agréable contrée, est arrosée par le Guaye.

Macaro, 2,245 habitants.

Macuto, 1,700 habitants, sur le bord de la mer ; site agréable.

El Recreo, 1,600 habitants.

La Vega, 1,459 habitants; possède d'importantes distilleries et plantations de canne à sucre.

L'État Bolivar a 58,000 habitants : il se compose des sections Apure et Guyane, dont voici les villes les plus importantes :

Ciudad-Bolivar (anciennement Angostura), capitale de l'État, ville de 11,000 habitants, bâtie en amphithéâtre sur la rive droite de l'Orénoque, en un point où le fleuve, quoique resserré entre des rochers d'une grande hauteur, est large de 5 kilomètres.

Le commerce très important de cette cité porte principalement sur le caoutchouc, la sarrapia, le café, les cacaos du Meta et de l'Apure.

La ville de Bolivar, qui est le siège d'un

évêché, renferme plusieurs beaux monuments, citons : la cathédrale, la statue du
Libérateur, le théâtre, l'obélisque élevé en
l'honneur du général Guzman-Blanco, et un
magnifique aqueduc destiné à conduire les
eaux de l'Orénoque.

San-Fernando, 8,000 habitants ; chef-lieu
de la section Apure, à 151 mètres d'altitude.
Cette jolie ville est industrielle, très com-
merçante, et fournit de nombreux troupeaux
de bétail, des peaux de crocodiles et des
écailles de tortues. L'exploitation du caoutchouc, de la gutta-percha et du copahu se
fait aussi sur une large échelle.

L'État Guzman-Blanco, le plus important
de tous, compte 516,000 habitants; il est

divisé en quatre sections : Bolivar, Guzman-Blanco, Guarico et Nueva-Sparta.

Cura, ville de 11,644 habitants, située sur la rive gauche du Tuy, en est la capitale. Le 12 avril 1878, un tremblement de terre fit périr 300 personnes et occasionna à cette ville des pertes matérielles supérieures à huit millions.

Centre d'un district agricole très florissant, Cura se trouve à 232 mètres au-dessus du niveau de la mer.

Les autres villes sont :

La Guayra, 14,000 habitants, fondée en 1595, par Osorio, est bâtie en amphithéâtre au pied des montagnes. Un fort destiné à sa défense domine la ville, et des remparts la protègent du côté de la mer.

La Guayra est située par le 69° 27' de

longitude ouest, et le 10° 36′ de latitude nord; sa température moyenne pendant l'année est de 27° centigrades.

Éloignée seulement de 28 kilomètres de Caracas, elle sert de port à la capitale de la République; son climat est très sain, son commerce des plus importants. Elle est liée à Caracas par un chemin de fer des plus hardis, sur lequel nous donnerons quelques détails un peu plus loin.

La Victoria, 12,000 habitants; fondée en 1593, par Francisco Loreto, sur le Rio-Aragua, à 515 mètres d'altitude. Climat sain et agréable. Fait un assez important commerce de café.

San-Felipe, 8,998 habitants, à 229 mètres

au-dessus du niveau de la mer, a été fondé en 1551, par Jean de Villégas. Commerce de coton, indigo, cacao et café.

Maracay, 6,731 habitants.

Yaritagua, 4,320 habitants; commerce de cuirs, coton et café.

Calabozo, 4,083 habitants. Cette ville, fondée par des missionnaires en 1723, est le siège d'un évêché. Elle s'est illustrée par sa défense héroïque de 1812.

Tocuyo, 13,429 habitants.

Turmero, 3,422 habitants; produit de bons cafés, du tabac et du cacao.

Cagua, 3,133 habitants.

Ortiz, 2,936 habitants; commerce de cuirs, bois, tabac, café et fruits.

Zaraza, 2,860 habitants.

Altagratia de Orituco, 2,597 habitants; productions agricoles.

Petare, fondée en 1704, est actuellement le chef-lieu de la section Bolivar. Sa population n'est que de 2,000 âmes. Ses habitants se livrent à la fabrication du vin d'oranges, du vin d'ananas, et à l'éducation des mouches à miel.

Carora, 1,570 habitants; centre d'une fabrication considérable de maroquins.

Guatire, 2,000 habitants; fabriques importantes de sucre.

Les Teques, 1,146 habitants; possède un asile d'aliénés.

L'État Falcon-Zulia, 198,260 habitants, compte deux sections : Falcon et Zulia.

La ville de Capatarida, la capitale, a
3,358 habitants. On cultive dans ses environs le café, le cacao, le tabac et le maïs.

Maracaïbo, 31,921 habitants. Cette ville,
siège d'un commerce très important, a été
fondée en 1571, par Alphonse Pacheco. Située sur le lac qui porte son nom, elle est
un des principaux ports de commerce de la
République. Son altitude est seulement de
9 mètres. Elle renferme de nombreux édifices publics, de grandes places, sur l'une
desquelles se trouve la statue en pied du
Libérateur.

Maracaïbo exporte du café, du quinquina,
des bois de teinture, des cuirs, des baumes,
et construit des navires de commerce.

Coro, 9,000 habitants, fondé en 1527, par Jean de Ampues, a été la capitale du Vénézuéla de 1528 à 1578. Cette ville est située au fond de la baie du même nom et sur l'isthme de la presqu'île de Paraguana. On y voit un très bel aqueduc.

La Vela, 2,495 habitants, port de commerce.

Cumarebo, petit port de 1,648 habitants.

Tucacas, 1,191 habitants, à 90 kilomètres des célèbres mines d'Aora, est relié à ces dernières par un chemin de fer inauguré, en 1877, par le général Guzman-Blanco.

L'État Carabobo a deux sections : Carabobo et Yaracuy, et 167,499 habitants.

La capitale est Valencia, ville de 36,145 habitants, fondée en 1554 par Alphonse Diaz-Moreno, par 10° 9′ de latitude nord et 8° 30′ de longitude est. Son altitude est de 556 mètres, sa température moyenne de l'année est de 25° centigrades.

Fort éprouvée pendant la guerre de l'indépendance, elle s'est complètement relevée de ses ruines et possède aujourd'hui de beaux édifices, de belles promenades et un magnifique aqueduc en fer destiné à l'alimenter d'eau potable.

C'est à Valencia que le premier congrès constitutionnel se réunit le 6 mai 1831.

Puerto-Cabello, 12,000 habitants, par 70° 37′ de longitude ouest et 10° 28′ de la-

titude nord. Ville forte, à 97 kilomètres ouest
de Caracas, dans une très jolie baie où l'on
remarque les vestiges d'un ancien fort; cette
ville a été embellie par l'illustre Américain,
le général Guzman-Blanco, qui y a fait exécuter de nombreux travaux et l'a dotée d'un
fort joli jardin public et d'un port parfaite-
ment abrité, dont le mouvement annuel est
de 350 navires. Les rues, larges et régu-
lières, sont arrosées par de nombreuses fontaines. Puerto-Cabello est, après le port de
la Guayra, le plus important du Vénézuéla;
il possède un phare de 87 pieds de hauteur, dont la lumière se voit à 29 milles
marins.

Guacara, 5,815 habitants; commerce de
café, canne à sucre et cacao.

Montalban, 2,964 habitants; centre agricole important.

Nirgua, 1,879 habitants; Miranda, 1,370 habitants, et Bejuma, petits centres agricoles.

L'État de Lara a 246,000 habitants et ne comprend, en fait de villes de quelque importance, que :

Barquisimeto, 28,918 habitants, fondée en 1552 par Jean Villégas, à 522 mètres d'altitude; est le siège d'un évêché. Cette ville fait le commerce du cacao, de l'indigo et du café.

Capudare, 2,562 habitants.

Quibor, 2,480 habitants.

L'État des Andes (317,195 habitants), compte deux sections : Tachira et Trujillo, qui ont pour villes principales :

Merida, capitale de l'État, et siège d'un évêché, située par 8° 10′ de latitude nord et 3° 10′ de longitude est, jouit d'un délicieux climat. Sa population est de 10,747 habitants. Cette ville a été détruite de fond en comble, par un tremblement de terre, le 26 mars 1812. Elle a été fondée, en 1558, par Juan Rodriguez Suarez.

San-Cristobal, 13,713 habitants, chef-lieu de la section Tachira, a été fondé, en 1561, par le capitaine Jean Maldonado. Commerce assez important de tabac et café. Altitude 914 mètres.

Egido, 5,930 habitants; ville commer-
çante.

Trujillo, 3,533 habitants, fondé, en 1556,
par Diego Garcia-Parédès; centre agricole.

Betijoque, 3,190 habitants.

Bocono, 2,307 habitants; produit du café,
du sucre et du maïs.

Tariba, 1,383 habitants, et 7,310 avec sa
banlieue; mêmes productions que Bocono.

Escuque, 1,237 habitants.

L'État de Zamora, 246,000 habitants, est divisé en trois sections : Cosedes, Portuguesa et Zamora. Les lieux les plus remarquables sont : San-Carlos, 11,000 habitants, antique et belle cité, fondée en 1661 par des missionnaires; est élevée de 177 mètres au-dessus du niveau de la mer. Grand commerce de café, indigo, cuirs et bestiaux.

Guanare, 4,538 habitants, capitale de l'État, fondée en 1593 par Juan Fernandez de Leon, à 415 kilomètres de Caracas. Elle est située par 72° 5′ de longitude ouest et 8° 14′ de latitude nord. Elle fait le commerce des bœufs, du café, de l'indigo et du tabac.

Tinaco, 2,365 habitants; produit du coton, de l'indigo et des cuirs.

Tinaquillo, 3,650 habitants.

Acarigua, 2,316 habitants; élevage du bétail.

Barinas, 1,875 habitants; commerce de tabac.

Ciudad-Bolivia, 1,212 habitants; tabac, bétail.

L'État de Bermudez, 286,000 habitants, est divisé en trois sections : Barcelona, Cumana et Maturin. Sa capitale est Barcelona, ville de 11,424 habitants, fondée en 1637 par Juan Urpin. Elle n'a que 13 mètres

d'altitude. Son commerce consiste en tabac
et coton. Sa défense héroïque de 1817 l'a
immortalisée.

Les autres villes remarquables sont :

Maturin, 14,743 habitants, à 9 mètres
d'altitude. Le général Piar défendit héroïque-
ment cette ville contre les forces trois fois
supérieures de la Hoz, le 20 mars 1813.

Cumana, 12,057 habitants, fondée en 1520
par Gonzalo Ocampo. Cette ville, siège d'une
cour supérieure de justice, se déploie au fond
d'une magnifique rade. Elle a été détruite
en 1796 et en 1853 par des tremblements
de terre. Humboldt l'a visitée en 1799. Son
port est le troisième de la République.

Carupano, 12,389 habitants; petit port sur la mer des Antilles; dans les environs de cette ville se trouvent des mines d'argent, de cuivre et de plomb.

Guiria, 3,543 habitants.

Aragua, 2,897 habitants.

Ciudad del Pilard, 2,533 habitants.

Rio-Caribe, 3,177 habitants; petit port; commerce de rhum.

Caripe, 1,872 habitants; centre de plantations.

Dans les territoires fédéraux on distingue
les villes de Callao, 2,600 habitants; grand
centre minier, usines nombreuses, moulins.
et fonderie d'or;

Center, 2,620 habitants;

La Nouvelle-Providence, 2,000 habitants;

Upata, 1,550 habitants;

Guacipati, 1,306 habitants;

Nacupay, 300 habitants; siège d'exploitation d'une importante compagnie de mines d'or.

La population totale de ces territoires ne s'élève pas à moins de 100,000 habitants.

Située à 120 kilomètres de Caracas, entre les populations d'Orituco, dans la section de Guarico et du Caucagna, la colonie Guzman-Blanco mesure 555 kilomètres carrés de terrain propre à la culture. Une petite rivière, le Tagnaza, l'arrose en partie.

Quoique le climat soit doux et très sain, la population ne s'élève encore qu'à 1,600 âmes.

La colonie Bolivar a été créée en 1874, par le général Guzman-Blanco, qui voulait de

cette façon attirer les émigrants et leur donner, dès leur arrivée, un asile sûr et les
moyens de gagner leur vie. Sa superficie est
de 37 kilomètres carrés, et sa population de
500 âmes.

V

Armes de la République. — Pavillon. — Représentation diplomatique du Vénézuéla à l'Étranger. — Représentants des nations étrangères. — Hommes remarquables.

ᴇs armes de la République de Vénézuéla sont : Coupé : au un de
gueules à la gerbe d'or, parti d'or
à un faisceau de deux sabres et
de deux lances posés en sautoir et liés
de gueules; au deux d'azur au cheval d'ar-

gent passant à senestre sur un tertre de
sinople.

L'écu posé sur un trophée de drapeaux
aux couleurs et armes nationales et sommé
de deux cornes d'abondance posées en sautoir.

Le pavillon est jaune, bleu et rouge hori-
zontalement. La partie jaune porte au coin
supérieur, près de la hampe, les armes de
la République.

La représentation diplomatique du Vénézuéla se fait par des ministres résidents, des
consuls généraux et des consuls dont le
nombre varie selon l'importance des intérêts
politiques, commerciaux et maritimes.

Il y a des ministres résidents de ce pays

à Paris [1], New-York, Lima, Santa-Fé de
Bogota, Madrid, Londres, Alexandrie; des
consuls généraux à Paris [2], Hambourg,
Lubeck, New-York, Bogota, Lima, Ale-
xandrie; et des consuls à Bastia, Bayonne,
Bordeaux, Boulogne, Cherbourg, le Havre,
Lyon, Marseille, Nantes, Saint-Nazaire,
Nice, Rochefort, Rouen, Alger, la Marti-
nique, la Pointe-à-Pître; Berlin, Brême,
Manheim, Schwérin-Stettin, Leipzig, Stut-
gart, Baltimore, Chicago, Boston, la Nou-
velle-Orléans, Philadelphie, Saint-Louis,
San-Francisco, Savannah, Omoa, Trieste,
Vienne, Anvers, Bruxelles, Gand, Liège,

(1) Son Exc. le général Guzman Blanco, Envoyé
extraordinaire et ministre plénipotentiaire, grand-croix
de la Légion d'honneur, etc., etc.

Le Dr Rafaël Seijas, ancien ministre, remplit les fonctions de secrétaire de la Légation.

Les bureaux sont situés à Paris, 43, rue de Copernic.

(2) M. Antonio Parra, grand officier de l'Ordre du
Libérateur, etc., etc.

Bahia, Manaos, Maranhao, Para, Pernam-
bouc, Rio-de-Janeiro, Rio-Grande do
Norte, Arauca, Barranquilla, Colon, Cucuta,
Panama, Santa-Marta, Copenhague, Saint-
Thomas, Puerto-Plata, Guayaquil, Ali-
cante, Alméria, Barcelone, Bilbao, Cadix,
Ferrol, Huelva, La Corogne, Las Palmas,
Madrid, Mahon, Malaga, Pampelune,
Saint-Sébastien, Santander, Séville, Tarra-
gone, Valence, Vigo, La Havane, Matan-
zas, Porto-Rico, Sainte-Croix de Ténériffe,
Santiago de Cuba, Grimsby, Liverpool,
Londres, Manchester, Nottingham, Sou-
thampton, Swansea, Antigua, Barbadoes,
Le Cap, Grenade, Gibraltar, La Jamaïque,
Malte, Melbourne, Port of Spain, Sainte-
Hélène, Sainte-Lucie, Athènes, Port-au-
Prince, Ancône, Bologne, Gênes, Livourne,
Naples, Palerme, Rome, Venise, Tampico,
La Vera-Cruz, Amsterdam, Flessingue,

Harlingue, Rotterdam, Paramaribo, Lisbonne, Porto, Saint-Pétersbourg, Christiania, Gothembourg, Constantinople et Montevideo.

Les gouvernements étrangers qui ont actuellement des représentants accrédités auprès de la République de Vénézuéla sont : la France, l'Allemagne, l'Autriche, la Belgique, le Brésil, la Colombie, la République Argentine, le Danemark, l'Espagne, les États-Unis d'Amérique, la Grande-Bretagne, l'Italie, les Pays-Bas, la Grèce, le Pérou, la Suède et Norwège, le Mexique, le Guatemala, le Honduras, le Paraguay, l'Uruguay, le Salvador et la République Dominicaine [1].

(1) La France, l'Allemagne, la Belgique, le Brésil, l'Espagne, les États-Unis d'Amérique, la Grande-Bre-

La République de Vénézuéla a produit de
grands hommes de guerre, d'excellents écrivains, des artistes de grand talent et un certain nombre d'orateurs remarquables. Donner
seulement quelques notes biographiques sur
chacun d'eux nous entraînerait trop loin. Nous
nous contenterons de citer parmi les premiers

tagne, l'Italie et le Salvador ont des ministres résidents
à Caracas; la République Argentine, le Danemark, la
République Dominicaine, la Grèce, le Honduras, le
Brésil, le Paraguay, le Pérou, la Suède et Norwége,
des consuls généraux dans la même ville; le Guatemala,
un consul général à La Guayra; l'Allemagne, l'Autriche,
la Colombie, la Grande-Bretagne, le Mexique, les Pays-
Bas, le Salvador, l'Uruguay et la Belgique, des consuls
à Caracas; l'Allemagne, les États-Unis, la Belgique, des
consuls à Bolivar; la République Argentine, l'Allemagne, les États-Unis, la Belgique, l'Italie, les Pays-
Bas, des consuls à La Guayra; l'Allemagne, les États-
Unis, la Colombie, le Danemark, la Grande-Bretagne,
l'Italie, des consuls à Maracaïbo; l'Allemagne, les
États-Unis, l'Autriche, la Belgique, la Colombie, la
République Dominicaine, des consuls à Puerto-Cabello;
la Colombie, un consul à Antonio de Tachia, et les
Pays-Bas, un consul à Barcelone.

les généraux Bolivar, Paëz, Vargas, Falcon,
Jose Gregorio Monagas, Soublette, Cedeno;
Pulgare et l'illustre pacificateur et régénéra-
teur de la République *Antonio* Guzman
Blanco, tout à la fois brillant soldat, écrivain
distingué et administrateur remarquable.

Parmi les seconds, nous mentionnerons :
Andrès Bello, savant philologue et poète;
le docteur Aristides Rojas, auteur de nombreux ouvrages scientifiques; Antonio Leocadio Guzman, légiste éminent; Fernand
Bolet, Baralt, Eduardo Blanco, Francisco
Pardo, J. Maitin, Albigail Lozano, Juan
Vincente Camacho, Garcia de Quevedo, Gu-
tierrez Coll, Eloi Escobar, D. J. Ramirez,
D. R. Hernandez, Perez Bonalde, Elias Ca-
lixto Pompa, J. A. Calcano, J. M. Sistiaga,
Daniel Mendoza Amenedoro Urdaneta, tous
poètes ou prosateurs d'un talent incontestable.

Parmi les artistes, faisons une place à
part aux peintres Jovar y Jovar et Herrera.

La tribune parlementaire, indépendamment des illustrations politiques déjà citées
dans le cours de notre ouvrage, compte
parmi ses orateurs en renom Fermin Toro,
Rafaël Seijas, Barberii Cecilio Acosta, Diego
Urbaneja; nous en passons, et des meil-
leurs.

Disons en terminant que le Vénézuéla fait
partie de l'union internationale pour la protection des œuvres d'esprit et d'art.

VI

Budget des recettes. — Budget des dépenses. — Dette extérieure. — Dette intérieure. — Monnaies. — Poids et mesures.

ES principaux revenus de la République consistent dans le produit des douanes[1], l'impôt sur le transit, le timbre, les taxes postales et télégraphiques.

Dans ce pays si favorisé à tant de points

[1] Voir, à l'*Appendice*, l'extrait de la loi sur les douanes.

de vue, il n'y a presque pas d'impôts inté-
rieurs. La moyenne des charges par habi-
tant s'élève à peine à 18 francs.

En 1883 le budget des recettes s'élevait
au chiffre de 28,987,522 fr. 45, savoir :

Droits de douanes. .	19,581,322	f 21
Droits de transit. . .	5,414,603	54
Postes et télégraphes.	1,406,344	77
Produit des salines .	1,007,591	40
Revenus des terri-		
toires Yuruari et		
Caura	574,976	09
Revenus des universi-		
tés.	456,581	32
Papier timbré. . . .	139,238	55
Intérêts	141,061	63
Revenus des collèges.	100,276	65
A reporter . . .	28,821,996	f 16

Report . . .	28,821,996 f	16
Produit des amendes.	48,300	22
Rachat de cens . . .	40,560	64
Phosphates (vente de).	45,344	»
Droits de magasinage.	28,371	43
Recours en cassation.	1,750	»
Droits sur brevets . .	1,200	»
Au Total. . .	28,987,522 f	45

Le budget des dépenses pour la même année
était arrêté à la somme de 26,650,870 fr. 84,
ainsi répartis :

Pouvoir exécutif . . .	1,035,245 f	60
Pouvoir législatif. . .	649,325	60
Ministère de l'intérieur.	601,832	50
— du Fomento[1]	2,023,173	84
A reporter . . .	4,309,577 f	54

(1) Ministère du Progrès.

5*

Report . . .	4,309,577 ^{f}	54
Ministère de l'instruc- tion publi- que . . .	2,500,622	»
— des travaux publics . .	4,549,110	95
— des finances .	3,040,796	10
— du crédit pu- blic. . . .	4,253,320	»
Guerre et marine. . .	2,425,537	58
Affaires étrangères . .	1,284,075	»
Justice	101,620	»
Rente des États . . .	3,828,965	88
Dépenses imprévues. .	357,245	79
TOTAL. . .	26,650,870 ^{f}	84

Non seulement à la fin de l'exercice financier les 26,650,870 fr. 84 n'étaient pas dépensés, mais encore il restait dans les caisses de l'État une somme de 1,625,394 fr. 73, qui, réunie aux 2,336,651 fr. 61 provenant des excédents de recettes, formaient un total de 3,962,046 fr. 34 à reporter sur l'exercice suivant.

Plus près de nous, en 1886, les recettes n'ont atteint, il est vrai, que la somme de 27,341,184 fr. 62, tandis que les dépenses s'élevaient à 30,985,007 fr. 53, d'où une différence en moins de 3,643,822 fr. 91.

Nous devons à la vérité de dire que cette moins-value tout à fait accidentelle est due à une série de mauvaises récoltes, à une invasion de sauterelles et à la dépréciation des produits d'exportation.

Nous ne possédons pas les chiffres défini-
tifs de l'année 1887, nous pouvons cependant faire connaître qu'au mois de mars,
l'excédent des recettes sur les dépenses attei-
gnait le chiffre élevé de 3,922,022 fr. 65.

Voici les prévisions budgétaires pour l'année 1888.

RECETTES

Droits d'importations . .	19,200,000 ^{f}
Autres recettes des doua-	
nes	225,000
Contributions intérieures.	4,470,000
Revenus des États . . .	3,800,000
TOTAL. . .	27,695,000 ^{f}

DÉPENSES

Intérieur	5,636,793 f
Extérieur	1,460,213
Immigration, colonisation, postes et télégraphes, imprimerie nationale (1).	1,991,968
Instruction publique . .	3,343,992
Travaux publics	4,529,908
Finances	2,993,562
Crédit public.	4,234,320
Guerre et marine. . . .	2,362,704
Remboursements. . . .	576,000
Dépenses imprévues. . .	565,540
TOTAL. . .	27,695,000 f

(1) Ces quatre sections réunies forment le ministère du Fomento ou Progrès.

La dette actuelle du Vénézuéla est de 106,301,942 francs, dont :

67,016,250 francs pour la dette extérieure, 39,285,692 francs pour la dette intérieure.

Les intérêts en sont payés très régulièrement.

Depuis 1885, un hôtel des monnaies, régi par une compagnie française, est ouvert à la frappe des pièces d'or, d'argent, de nikel et de bronze, aux titres et aux poids de celles de l'Union monétaire.

Le « Bolivar », qui équivaut à un franc, est l'unité monétaire des États-Unis du Vénézuéla.

Les monnaies d'or sont les suivantes :

La pièce de 100 bolivares, qui vaut 100 f

| — | 50 | — | — | 50 |
| — | 25 | — | — | 25 |

La pièce de 20 bolivares, qui vaut 20^f

— 10 — — 10

— 5 — — 5

Les monnaies d'argent sont :

Le vénézolano ou 5 bolivares, qui vaut 5^f

La pièce de 2 bolivares — 2

Le bolivar — 1

Le réal ou 1/2 bolivar — 0 50

Le medio ou 1/4 de bolivar — 0 25

Le cinquième de bolivar — 0 20

Les monnaies de nikel et de bronze comprennent :

Le centavo, d'une valeur de »^{f} 05

Le 1/2 centavo — » 2 1/2

Les monnaies étrangères, étant considérées comme marchandises, sont sujettes aux fluctuations de hausse et de baisse du marché.

Le système métrique des poids et mesures est reconnu et imposé par la loi sur tout le territoire vénézuélien.

En 1875, le docteur Eliseo Acosta signa, au nom de son gouvernement, avec les représentants de l'Allemagne, de l'Autriche, de la Belgique, du Brésil, de la République Argentine, du Danemark, de l'Espagne, des États-Unis, de la France, de l'Italie, du Pérou, du Portugal, de la Russie, de la Suède et Norwège, de la Suisse et de la Turquie, une convention concernant la création et l'entretien à Paris d'un bureau international des poids et mesures chargé :

1º De toutes les comparaisons et vérifications des nouveaux prototypes du mètre et du kilogramme;

2º De la conservation des prototypes internationaux;

3º Des comparaisons périodiques des éta-

lons nationaux avec les prototypes internationaux et avec leurs témoins, ainsi que de
celles des thermomètres étalons;

4° De la comparaison des nouveaux prototypes avec les étalons fondamentaux des
poids et mesures non métriques employés
dans les différents pays et dans les sciences;

5° De l'étalonnage et de la comparaison
des règles géodésiques;

6° De la comparaison des étalons et
échelles de précision dont la vérification serait demandée soit par des gouvernements,
soit par des sociétés savantes, soit même
par des artistes et des savants.

Cette convention a été mise à exécution le
1er janvier 1876.

VII

Commerce intérieur. — Exportations. — Importations — Chemins de fer. — Industrie. — Routes. — Transports maritimes. — Postes et télégraphes.

RESQUE toutes les nations ont avec le Vénézuéla des traités de commerce. La France a été des premières à conclure avec cet État une convention consulaire, qui porte la date du 11 mars 1833.

Le commerce intérieur des États-Unis du Vénézuéla est très développé et porte sur tous les produits du pays et sur les objets importés que nous énumérerons un peu plus bas; quant au commerce extérieur, il progresse d'une manière remarquable.

En 1854, il se traduisait par les chiffres suivants :

Exportations. . . .   28,000,000 de fr.
Importations. . . .   25,000,000   —

       TOTAL. . .   53,000,000 de fr.

L'importance du mouvement commercial de la République en 1886 s'est élevé, pour les exportations, à 83,954,006 kilog., représentant une valeur de 82,304,289 francs, et pour les importations à 71,481,462 kilog., d'une valeur de 47,168,277 francs, ce qui forme ensemble 155,435,468 kilog. et 129,472,566 francs.

Voici le détail et la valeur des quantités exportées :

1° Produits minéraux

Or en barres ou en mine-
rai. . . . .   20,513,182 ^{f}

Or monnayé   4,442,707

Minerai de cuivre   2,902,150

Ensemble. . .   27,858,039 ^{f}

2° Produits végétaux

Café . . . 39,054,548 ^{k}, valant 35,733,423 ^{f}

Cacao. . . . .   —   8,447,986

Bois de construction . .   —   308,129

4

Fève de Tonka. 76,279^k, valant   289,866^f

Fève de di-

   vidide . . 2,375,364   —   210,306

Coton . . .   123,670   —   138,744

Quinquina .   76,624   —   113,676

Caoutchouc .   18,856   —   84,416

Bois de teinture. . . .   —   61,659

Copahu 31,370   —   54,303

Tabac. 70,924   —   41,820

Noix de coco . . . . .   —   19,429

Indigo. . . . .   —   7,121

3° PRODUITS ANIMAUX

Bœufs vivants.   6,975, valant   726,688^f

Chevaux, ânes,

   mulets . . .   822   —   83,704

Cuirs de bœuf. 2,624,423^k —   3,695,312

   — de chèvre.   724,642   —   2,500,313

Sur ces chiffres, la France a reçu par ses ports du Havre, de Bordeaux, de Marseille et de Saint-Nazaire, pour 19,397,064 francs de produits divers, savoir :

	QUANTITÉS	VALEURS
Café.	2,803,702 k	13,293,590 f
Cacao	2,847,704	5,268,252
Bois exotiques .	1,862,548	458,483
Baumes	8,095	80,950
Coton en laine .	52,687	63,225
Fruits médici- naux	19,822	59,466
Écorces de quin- quina	13,579	40,737
Maïs (grains). .	2,892 q. m.	38,174
Libidibi et autres graines tincto- riales	104;808 k	36,683
A reporter. . .		19,339,560 f

Report . . .		19,339,560
Indigo	999 k	14,985
Cornes de bétail		
brutes	15,182	14,878
Autres articles		27,641
Total . . .		19,397,064 f

Sur les 47,168,277 francs, valeur des marchandises importées au Vénézuéla en 1886,
16,766,309 f proviennent des États-Unis,
12,548,772   —   de l'Allemagne,
9,587,585   —   de l'Angleterre,
4,229,047   —   de la France,
4,036,564   —   des Antilles, de
l'Espagne, de la Hollande, de l'Italie et de
la Belgique.

Les articles que la France importe principalement sont les comestibles, vins, con-
serves en boîtes, liqueurs, les peaux prépa-

rées, l'orfèvrerie, les huiles, la bimbeloterie, la lingerie, les fruits de table, la passementerie.

Voici d'ailleurs un tableau donnant le détail des importations françaises au Vénézuéla pendant l'année 1886.

	QUANTITÉS	VALEURS
Vins.	660,682 ¹	643,668 ᶠ
Tissus, passementerie et rubans de coton.	66,782 ᵏ	458,811
Peaux préparées. . .	13,950	411,861
Orfèvrerie et bijouterie d'or, de platine ou d'argent	131,584 ᵍ	394,013
Poissons marinés ou à l'huile	164,345 ᵏ	335,483
Huile d'olive	165,401	248,101
Bimbeloterie	24,409	218,985 .

A reporter. . . 2,710,922 ᶠ

Report . . .		2,710,922ᶠ
Pièces de lingerie cousues et vêtements confectionnés . . .	8,079	204,604
Fruits de table . . .	82,066	116,258
Tissus, passementerie et rubans de laine .	8,174	112,615
Médicaments composés.	22,465	89,529
Papier, carton, livres et gravures. . . .	63,241	86,836
Acide stéarique en masse	76,230	80,051
Tissus, passementerie et rubans de lin ou de chanvre	53,745	74,191
Fruits médicinaux . .	21,785	65,355
Ouvrages de modes .	5,627	56,270
A reporter. . .		3,596,631ᶠ

Report. . . 3,596,631 [f]

Meubles	28,606	49,644
Eaux-de-vie, esprits et liqueurs	30,647 [l]	45,791
Poteries, verres et cristaux	186,127 [k]	39,837
Instruments d'optique et de chirurgie . .	2,917	37,662
Parfumeries.	8,781	36,775
Outils et ouvrages en métaux.	25,576	35,866
Machines et mécaniques	31,852	35,118
Gommes pures . . .	10,384	30,348
Bijouterie fausse. . .	145	29,000
Autres articles		292,375

TOTAL. . . 4,229,047 [f]

Le mouvement d'importation et d'exportation avec l'étranger s'est effectué dans le
courant de l'année par 2,460 navires, appartenant aux nations suivantes :

	VAPEURS	VOILIERS
Amérique.	196	44
Allemagne	94	46
Espagne	38	224
France	152	52
Angleterre	84	140
Vénézuéla.	74	1176
Danemark		46
Hollande		60
Italie.		22
Russie et Suède		12
	638	1822

Nous croyons utile d'indiquer ici les formalités que doivent remplir les expéditeurs de marchandises à destination du Vénézuéla.

Toutes les marchandises embarquées à l'étranger pour le Vénézuéla doivent être accompagnées des documents exigés dans cette section. En conséquence, on ne peut remettre des marchandises à ordre à la recherche d'un marché, ni indiquer sur les factures ou manifestes les mêmes colis pour différents ports.

Les chargeurs de marchandises en ports étrangers, hors des Antilles, qui sont destinées au Vénézuéla, doivent remettre en triplicata en langue espagnole, au consul vénézuélien, ou à la personne qui le remplace, une facture signée indiquant : le nom de l'expéditeur, celui du consignataire, le port d'embarquement, le port de destination, l'espèce, la nationalité, le nom du navire et le nom du capitaine ; la marque, numéro et espèce de chaque colis, son contenu, poids brut indiqué en kilogrammes et sa valeur. Le contenu sera exprimé en désignant le nom de chaque marchandise, la matière qui la compose et la qualité ou circonstance qui la distingue de toute autre marchandise du même nom spécifiée sur le tarif des douanes en différentes classes.

§ 1. — Les colis d'un même contenu, dimensions, poids et formes, comme des sacs, caisses, barils, balles, paniers de céréales, savon, porcelaine, vermicelle, bougies et autres semblables et qui portent les mêmes marques et numéros, peuvent être compris dans une même partie.

§ 2. — Si les intéressés déclarent ne point connaître la langue espagnole, l'agent consulaire traduira la facture, qui lui sera présentée en deux exemplaires ; l'agent recevra

pour la traduction et copie trois vénézuéliens quand l'original n'excédera pas trente
lignes écrites, et trois centièmes en plus pour
chacune d'excédant.

Les consuls ne certifieront point les factures qui leur seront représentées :

1° Quand elles ne contiendront point tous
les faits exigés par le premier article ci-
dessus;

2° Quand on ne leur présentera pas les
trois exemplaires correspondants;

3° Quand il n'y aura pas exacte confor-
mité entre lesdits trois exemplaires;

4.° Quand il y aura des ratures ou inter-
lignes, sans qu'il en soit fait mention à la
fin et avant de mettre la date;

5° Quand la personne qui aura signé la
facture n'aura pas fait le serment que la valeur déclarée est bien celle des marchandises
indiquées.

Quand la valeur jurée devant le consul sera inférieure à celle des marchandises, la preuve légale en ayant été faite, le consul rédigera une instruction qu'il s'empressera de remettre à la douane intéressée, par le premier paquebot, en avisant le ministre des finances avec les détails du cas [1].

En dehors de l'exploitation des mines, dont nous nous occuperons dans un chapitre spécial, il existe au Vénézuéla d'importantes manufactures de tabac, de pianos, de tissus divers, des fabriques de chapeaux, de cordes, d'appareils de distillerie, de machines à vapeur, de voitures et charrettes de tout genre, de savons, de bougies, d'allumettes, de poteries, de chaussures, d'huiles, de chocolat.

[1] Voir, à l'*Appendice*, les principales dispositions du code des Finances.

Il y a encore de nombreuses tanneries, qui produisent un cuir fort estimé; de vastes chantiers où l'on construit des navires de commerce.

L'imprimerie, la lithographie, la galvano-plastie, la photographie ne laissent rien à désirer. Enfin, l'industrie de luxe, en général, est aussi avancée que dans nos principales villes d'Europe.

Le Vénézuéla a pris part à de nombreuses expositions internationales. A Paris, en 1878, sa section, riche en produits de toutes sortes, fut beaucoup appréciée et obtint de nombreuses récompenses.

Par une lettre officielle en date du 24 juin 1887, le ministre des affaires étrangères de ce pays ayant donné avis de la décision par laquelle son gouvernement acceptait de participer à l'exposition universelle de 1889, il nous sera permis de constater à cette époque, de visu, les grands progrès accomplis dans toutes les branches de l'activité humaine par la sympathique nation vénézuélienne.

Les chemins de fer prennent tous les jours une nouvelle extension. Une loi garantit 7 °/₀ de rendement annuel aux capitalistes qui construisent des lignes, en vertu de traités passés avec l'État [1].

Au commencement de cette année, la plupart des lignes suivantes étaient ouvertes au transport des voyageurs et des marchandises, ou tout au moins sur le point de l'être :

[1] Voir, à l'*Appendice*, l'extrait de la loi sur les Chemins de fer.

De Tucaras à Aora et Bolivar . 90 ^k

De Caracas à la Guayra 38

De la Ceiba à Mendoza 21

De Puerto-Cabello à Valencia. . 50

De Maiqueta à Macuto. 20

De Caracas à Sainte-Lucie . . . 60

Du Rio-Chico à Carenero . . . 18

De Caracas à Antimano 7

De Caracas au Valle. 6

De l'Orénoque à Yuruari. . . . 200

De Santa-Cruz à la Fria 90

Au Total . . . 600 ^k

En outre, divers entrepreneurs ont contracté avec le gouvernement la construction des chemins de fer suivants :

Ligne de Caracas à Los Teques . 30 ^k

— — à Guatire . . . 45

Ligne de Caracas à la colonie Guz-

man-Blanco 105

— de la Victoria au Pas-de

Zarate 20

— de Coro à la Vela 12

— de Cojoro à Maracaïbo . . 155

Enfin, de Mérida au lac Maracaïbo, de l'Orénoque à Guacipati et de Bahiahonda à Maracaïbo.

Le chemin de fer de Caracas à la Guayra est une véritable merveille. Il s'élève par une série de courbes de 15 mètres de rayon et de pentes de 0^m04, à une hauteur de 1,200 mètres, en longeant, sans le moindre remblai, d'effroyables précipices. La voie est unique, à l'écartement entre rails de 0^m92. Cette ligne, construite par l'industrie privée, n'a coûté que 15 millions.

Les routes carrossables du pays mesurent une longueur de 1,600 kilomètres.

Il existe des services réguliers de bateaux à vapeur et à voiles entre les différents ports du Vénézuéla et l'Amérique du Nord, les Antilles, le Portugal, l'Espagne, la France, l'Angleterre, l'Allemagne, la Hollande et l'Italie. Une compagnie maritime nationale fait le service de la côte.

La position du Vénézuéla sur la route des transatlantiques d'Europe à Colon-Aspinwal lui donne une immense importance, qui ne fera que s'accroître par suite de l'ouverture du canal interocéanique.

Les administrations des postes, télégraphes et téléphones sont très bien organisées et fonctionnent dans d'excellentes conditions : on compte deux cent cinquante bureaux publics établis dans presque toutes les villes de l'État. Les lignes télégraphiques, qui ont plus de 2,000 kilomètres, s'étendent des États-Unis de Colombie jusqu'à Guiria, petite ville sur la côte du golfe Paria, en face l'île de la Trinité. Un câble sous-marin entre le Vénézuéla et les Antilles relie l'Europe à ce pays, qui fait partie, depuis le 1er juin 1878, de l'union postale internationale.

Les dépenses de l'administration des postes s'élèvent à 553,868 fr.; celles de l'administration des télégraphes atteignent 836,188 fr.

VIII

Faune. — Flore. — Mines.

P RESQUE tous les animaux domestiques qui vivent au Vénézuéla y ont été transportés par les Espagnols, ce sont : le cheval, l'âne, le bœuf, la chèvre, le mouton, le porc, diverses espèces de chiens, et le chat.

Au titre indigène nous trouvons : le guanaco, l'alpaca et le vicuna, dont la laine est très estimée; le lama et le paco, qui servent de bêtes de somme.

Après ces quadrupèdes domestiques, les animaux les plus répandus qui vivent à l'état sauvage sont : le tapir, le perro-de-monté ou chien sauvage, l'écureuil, le tatou, le loup, la belette, le renard, le chacal, le cochon d'Inde, le conéjo ou lapin, la chauve-souris, les diverses variétés de singes, l'hucucha, le sanglier, le pecari, la sarigue, le tigre, l'once, le léopard, la panthère, le gato-de-montès ou chat sauvage, l'ours, le lion, qui se distingue de celui d'Afrique en ce qu'il n'a pas de crinière ; le jaguar, le porc-épic, le fourmilier, le cerf, diverses espèces de chevreuil, l'agouti, rongeur qui vit de fruits et d'écorces d'arbres ; le vizcacha, espèce de lapin gris dont la queue ressemble à celle de l'écureuil; le hérisson, l'ulama, le cachicambo, le bichichi, le cusumbi, la chucha, la cusacusa, le guagua, le guatin, la mitria, l'ijicana, le tatabro et la sancha.

Les oiseaux de toutes sortes ne comptent pas moins de trois cent quinze genres et cinq cent cinquante-six espèces.

Sur les lacs et les rivières, on trouve des cigognes blanches et roses, des ibis, des guaras rouges, des spatules aux ailes roses, des grues et des hérons gris ou jaunes, des canards de toutes couleurs et de toutes grosseurs, la bécassine, la sarcelle, le plongeon, le coq des marais, la poule d'eau.

Sur les bords de la mer, il y a une infinité de damiers, de goëlands, de mouettes, de toucans, de pélicans, de martins-pêcheurs, de butors, de pingouins, et le long des plages on voit de très petits oiseaux aux formes gracieuses et délicates, qui se nourrissent d'œufs de crabe ou de poissons, qu'ils recueillent sur le sable.

Dans les forêts, les montagnes, les prés et les llanos, habitent le perroquet, l'aigle royal, l'épervier, l'asto, le cacique, le faisan, le cholalaï, le sirguero ou chardonneret, le rossignol, la grive, la chouette, le pigeon ramier, la tourterelle, le condor, le guaco, oiseau de proie qui combat le serpent; l'héréquéqui, qui détruit les rongeurs, les reptiles et les insectes; l'huachua, le faucon, le canard, le gorrion ou moineau, le pilleo-pichiou, le francolin, le milan, une infinité d'oiseaux-mouches aux couleurs brillantes, le sorsal, sorte de sansonnet qui a un chant mélodieux; le suyuntuy ou poule commune, le vautour, le hibou, le gallipavo ou coq d'Inde, des hirondelles de diverses sortes, le cygne, la cigogne, la perdrix de petite espèce, l'asomita, l'azulèjo, l'aguilucho, l'arrocéro, l'azucaréro, le carpintéro, le cardinal, le charo, le chicuago, le chilgaro, le chorlo, le codi, le codorniz, le cusango, le cucarachéro, le chamon, le fleutéro, qui imite le son de la flûte; le garrapatéro, la gallinacieja, la guacharaca, le guarago.

Il y a encore beaucoup d'autres petits oiseaux remarquables par leur chant ou par leur plumage, et dont les noms nous échappent.

Parmi les poissons nous devons mentionner : la sardine, le rovalo, la lissa, la corbina, le barbudo, le sabalo, la doucella, la mojarra, le bocachico, le guicharro, le jétudo, le mixano, le biringo, la bringora, le denton, le tabuché, les anguilles, le vagré, le péjé rey. Les cachalots et autres cétacés se rencontrent sur certaines parties des côtes du Vénézuéla.

Il existe aussi une très nombreuse variété
de reptiles, vertébrés, articulés et amphi-
biens, au nombre desquels sont le boa,
d'une longueur de 7 à 8 mètres; le serpent à sonnettes, les caïmans, dont certains
ont jusqu'à 5 mètres de long; le caméléon,
le crapaud, la grenouille, l'iguane, lézard
dont la longueur atteint jusqu'à 1^m50; la
salamandre, les tortues de terre et d'eau,
dont la chair, l'écaille et les œufs sont très
recherchés. Parmi ces dernières nous devons
une mention toute spéciale à la térékaï, très
commune dans le Rio-Guaviare; à la cabe-
sona, qu'on trouve dans l'Orénoque, le Cassiquiare et l'Yuirida; et enfin à la tortuga,
qui atteint des dimensions telles qu'un
homme vigoureux peut à peine la soulever.

Nous nous contenterons de signaler parmi

les coquillages et les crustacés, la conque marine, qui est d'une grande dimension; l'huître comestible, très abondante sur les côtes; l'huître à perle et à nacre, le crabe, l'écrevisse, plus grosse et plus savoureuse que celle d'Europe. Il existe en outre un grand nombre d'autres coquillages comestibles de diverses sortes et de diverses formes, que l'on connaît sans distinction sous la dénomination de *mariscos*.

Le Vénézuéla possède une innombrable quantité d'insectes, dont les genres et les familles sont pour la plupart connus en Europe; ils ne diffèrent guère de ceux du vieux continent que par leurs variétés, qui sont plus nombreuses. Nous citerons l'abeille, qui donne un bon miel; l'arador, sorte de scarabée qui fouille la terre; les candellias ou

mouches phosphorescentes, la cigale, plus
grosse que celle d'Europe; le ciron, la chique,
la cochenille, dont on fait une belle teinture;
la coucouya, qui ressemble beaucoup au han-
neton ; les fourmis, la gale, la tique, le
grillon, la sauterelle, la guêpe, le ver luisant,
les moustiques, les mouches aux ailes do-
rées, bleues ou vertes, les araignées, dont
plusieurs sortes sont venimeuses et d'une
grosseur extraordinaire; et enfin, à côté de ces
vilains insectes, les papillons remarquable-
ment beaux, revêtus des couleurs les plus
vives, les uns dorés, argentés, pourpres,
bleus, blancs ou noirs entièrement unis, et
les autres diaprés ou bigarrés par le mélange
de ces diverses couleurs.

Le règne végétal est d'une grande richesse,
et le nombre d'arbres, d'arbustes et de

plantes est extrêmement varié. Beaucoup
sont d'une utile application à la médecine, à
l'alimentation de l'homme et des animaux,
aux arts et à l'industrie. La contrayerba,
l'ipecacuanha, l'higuérilla, et la plante del
frailécillo, qui ressemble à la laitue, jouissent de propriétés émétiques.

Le zarcillezo, arbuste qui croît dans les
plaines des Andes ; le tuturno-chico, le ta-
marinier, la rhubarbe, le poleo, le martin-
galviz, la lengua-de-tigré, la lagartigo, la
jamma, le jallap, le gayac, la calagua, le
blédo, le bejuquillo, sont employés avec succès comme purgatifs.

Parmi les stomachiques, les fortifiants et
les fébrifuges, nous trouvons le coca, le
chilchil ou herbe du renard, le bidoquéra,
le cannellier, le chuquirohua, dont les feuilles
possèdent toutes les propriétés du meilleur
thé ; le clavellino, le colpaché, la cuerda, la

gentiane, le gingembre, le guaco-péquéno, l'huayussa, l'ispingo, la potrà, le quinquina, la toronjil, la venturosa, le malambo, la canchalagua.

Au nombre des végétaux vermifuges, dépuratifs et résineux, se trouvent la salsepareille, le quina sauvage, l'ayaguaché, l'animé, la caragna, le caucho, le chaquino macho, le comaca, le copaïer, dont on tire le baume de copahu; le cungi, qui produit une gomme estimée ; l'estoraqué-macho et l'estoraqué-hembra, grands arbres dont le feuillage est semblable à celui du lierre; le frayléjon, qui produit une résine ne se solidifiant jamais; l'alquitira, l'abrotano, la lombiguera, l'ocozol, le pichirina, le sandé, la verveine, le sauco, le payourou, le mouyi, l'higuéron.

Enfin, il existe plusieurs arbres et plantes tels que les saragozas, la machohuanga, la résucitadora, la contra-de-culébras, le cé-

dron, la fève de Saint-Ignace, le béjuco-
del-guaco, considéré par les Indiens comme
le spécifique de l'hydrophobie; le béjuquillo-
de-vivora, l'arbol de la equis, etc., etc., qui
sont très employés pour la guérison des
morsures et piqûres venimeuses.

Les bois de construction remarquables
pour leur solidité ou leur flexibilité, les bois
de teinture et les plantes tinctoriales ne
manquent pas non plus dans ce magnifique
pays : contentons-nous de citer le roucouyer,
l'aguacaté, l'alizo, le campêche, le colorado,
le jigua, le manglé, le sangré-de-drago, qui
donnent une teinture rouge; l'amarillo, la
batatilla, le safran (jaune), le gaïmaro, le
guayacan-negro, le huarango (noir), et l'indigo bleu.

L'algarrabo, l'arrayan, le cagnalété, l'a-

cajou, le cascol, le cèdre, le ceybo, le ciro-
toté, le guayacan, le huachapéli, l'incibé, la
madera-negra, le nogal, le chêne, sont utilisés pour la construction des navires et em-
barcations.

L'aceitillo, le palto, l'aguatatillo, l'algar-
robo, l'aji, l'alizo, l'almérano, l'amarillo, l'arrayan, l'azulito, le balsamo, bois jaune très
dur ; le bigarro, le caoba, le chachajo, le
chaquiro, le ciprès, le colorado, le gourango,
le granadillo, le guitamo, l'habahaba, l'hor-
migo, l'huilca, le laurel, le madéra-négra,
le manglé, le moral, le moréra, le mestizo,
le mispéro, le païpaï, le pignuélo, le pusildé,
le quidibé, le roblé, le saléro, le sandal, le
séca, le suavé, le tadabé, le rayado, le baco,
l'ébano, le manzanillo, sont employés pour
la charpenterie, l'ébénisterie et la menui-
serie.

Parmi les arbres fruitiers, dont il existe une infinité, nous citerons à part ceux dont nous avons déjà parlé au chapitre de l'agriculture : les caroubiers, le nopaléra, le tacho, l'aguacaté, l'amandier, l'ananas, le châtaignier, le citronnier, le prunier, l'assiminier, le fraisier, le figuier, le grenadier, le pommier, le coignassier, le mûrier, l'oranger, le néflier, l'olivier, le jaquier, etc., etc.

Comme céréales, légumes et graminées, on récolte des pois, du riz, des haricots, des lentilles, des fèves, des piments, des artichauts, des asperges, des oignons, des ciboules, des citrouilles, des courges, des choux, des laitues, des navets, du persil, des concombres, des raves, des pourpriers, du manioc, des épinards, des carottes, etc.

Le règne minéral est très riche.

Dans le district de Upata on trouve des mines d'or, d'argent, de cuivre, de fer, de plomb, d'étain, de charbon.

De nombreuses compagnies exploitent le quartz aurifère dans la Guyane vénézué-lienne [1].

La plus importante de toutes est celle de Callao, qui produit plus de 20,000 onces d'or pur par mois.

Dans l'espace de deux ans, de 1883 à 1885, elle a exporté :

Or fondu. . . . . 3,593 kilogr.

Or brut . . . . . 1,277 —

Or d'argile . . . . 286 —

Or amalgamé. . . 117 —

Or recuit. . . . . 6 —

Or en quartz . . . 2,313 —

(1) Voir, à l'*Appendice*, l'extrait du Code des mines.

Le tout représentant une valeur supépérieure à seize millions de francs.

Constituée en 1878, au capital de 4,062,500 fr., la Compagnie des mines de Callao avait tiré de son exploitation au 31 décembre 1886 un produit brut de 104,374,101 fr. Elle avait distribué à ses actionnaires, à cette date, une somme de 45,691,800 fr., soit près de douze fois le capital versé.

Il avait été extrait 309,986 tonnes de quartz, ayant rendu 1,092,055 onces d'or, c'est-à-dire 3 onces 52 en moyenne ou 330 fr. 88 par tonne de quartz. Certaines veines donnent un rendement qui s'élève à 8 onces d'or par tonne.

Les dépenses de quartz extrait et traité ne s'élèvent qu'à 70 fr. par tonne.

A côté des riches mines de Callao vient de se fonder une compagnie dont le but est

d'acquérir et de développer la concession
minière de Monserratte, située dans le département de Roscio. Cette concession est
bornée : au sud, par le Nacupaï ; à l'ouest,
par les mines de Callao. Sa superficie est de
280,000 mètres carrés.

Le filon découvert à Monserratte étant la
suite de celui qui a donné de si beaux résultats à Callao, il n'est pas douteux que son
exploitation donnera des résultats pareils.
D'ailleurs, de nombreuses expériences dé-
montrent qu'il en sera ainsi. Deux tonnes
qu'on a broyées, à titre d'essai, ont produit
7 onces de métal précieux.

Mentionnons encore les mines de Callao-
bis, Nacupay, Caratal, ces dernières exploitées par une compagnie française ; Jurnari,
découvertes en 1849, et Carupano.

L'or et l'argent se trouvent aussi dans
certains terrains rocheux des environs du

lac Maracaïbo et dans le Rio-Guyana et le Rio-Yuriari. C'est un Français, le docteur Plassard, qui le premier a constaté en 1849 que cette dernière rivière roulait des sables aurifères assez abondants.

Il y a à Aura, dans la Sierra de San-Felipe, des mines de cuivre rouge exploitées par une compagnie anglaise, qui contiennent de 12 à 18 °/₀ de métal, et qui ont produit en trois ans 75,200 tonnes, d'une valeur de 16,137,950 fr.

Les provinces de Coro, Carabobo, Mérida et Caracas renferment des filons de cuivre jaune et des gisements de houille.

Près de Barquisimeto on exploite des mines d'étain, et à Carupano des mines de plomb.

A quelques lieues de Barcelone et aux environs de la colonie Guzman Blanco il existe des mines de charbon minéral.

La riche mine de sel gemme d'Araya, découverte en 1499, paraît inépuisable, et son exploitation ne nécessite presque aucun travail.

Près de Caracas se trouvent aussi quelques salines.

Le Vénézuéla possède encore des sources de pétrole, du kaolin, de l'asphalte, du jaspe rouge, du soufre dans le district de Upata, des granits de toutes les couleurs, des marbres en abondance dans toute la Cordillière, et enfin une infinité de pierres dont le grain est d'une grande finesse.

Les sources d'eaux minérales et thermales de tout genre sont très nombreuses. Quelques-unes atteignent une température de 100° de chaleur. Contentons-nous de citer, parmi les plus importantes, celles justement renommées de Trincheras dans l'État de Carabobo, de Cuiva près de Falcon, de Cariaco, Carupano, Bergantin, Urica, San-Diego et Naricual dans les provinces de Cumana et de Barcelone; de Onota et Guarume dans l'État Guzman-Blanco.

HISTOIRE

I

Découverte du Vénézuéla. — Le Vénézuéla sous la domination espagnole. — Le Libérateur Simon Bolivar. — Proclamation de l'indépendance. — Gouvernement du général Paëz. — Principaux actes de son administration.

RISTOPHE Colomb découvrit le premier les embouchures de l'Orénoque en 1498.

L'année suivante, Alphonse Ojeda, qui commandait l'expédition organisée par Americ Vespuce, reconnut la côte du

Vénézuéla et le lac de Maracaïbo et en prit possession au nom de son Souverain.

Quelques cases d'Indiens établies sur pilotis au-dessus des marais firent donner au nouveau territoire le nom gracieux de Vénézuéla (petite Venise).

Quarante-huit ans plus tard, Charles-Quint nomma Don Juan Parez de Tolosa gouverneur de la nouvelle colonie.

En 1581, le Vénézuéla forma, sous la domination de l'Espagne, la moitié occidentale de la capitainerie générale de Caracas et Nouvelle-Grenade.

Vers la fin du XVIIIᵉ siècle une association secrète se fonda pour délivrer le pays du joug espagnol, et établir la République. Le chef de ce complot, Joseph de Espana, ayant été capturé, fut livré au supplice.

En 1806, cinq cents volontaires, sous les ordres de Miranda, débarquèrent sur la côte du Vénézuéla, à Coro, et livrèrent avec succès plusieurs combats aux Espagnols; mais, à la suite d'un grave échec, ils durent battre en retraite.

Le 19 avril 1810 une insurrection éclata à Caracas; le capitaine général espagnol déposa ses pouvoirs entre les mains d'une junte; les autres chefs firent de même. Sur la proposition du patriote Miranda, cette assemblée convoqua un congrès général des provinces, qui déclara le territoire de la petite Venise indépendant, sous la dénomination de Confédération américaine de Vénézuéla.

Le 5 juillet de l'année suivante ce congrès proclamait l'indépendance des provinces unies de Caracas, Cumana, Varinas, Margarita, Barcelona, Merida et Trujillo, formant la confédération de Vénézuéla.

Miranda marcha ensuite, à la tête de cinq mille hommes, contre la ville de Valence, qui était au pouvoir des Espagnols, et la força à capituler.

La tranquillité régnait sur tous les points du territoire, lorsqu'en 1812 les chefs royalistes pénétrèrent avec des forces considérables dans l'intérieur du Vénézuéla et s'avancèrent jusqu'à Caracas.

Pour assurer ses délibérations, le Congrès se transporta à Carthagène et nomma dictateur le général Miranda. Dans l'impossibilité de résister, celui-ci se soumit aux ennemis, qui le firent passer en jugement.

Caracas, Varinas, Cumana, Barcelone et Puerto-Cabello étaient à ce moment entre les mains des royalistes; malgré cela, les partisans de l'indépendance ne perdirent pas courage : ils attaquèrent l'ennemi près de Valence, lui firent subir un très grave échec et le forcèrent d'abandonner toutes les villes dont il s'était emparé.

En 1815, les royalistes, ayant repris l'offensive, firent éprouver échec sur échec aux républicains, qui se conduisirent en héros, mais qui, malheureusement, étaient peu nombreux et mal armés.

En 1816, Simon Bolivar vint dans le pays à l'appel des patriotes, rassembla des troupes et se rendit à Barcelone ; puis, après avoir battu les Espagnols dans plusieurs rencontres, il fut nommé chef du pouvoir exécutif du gouvernement fédéral.

Peu de temps après, les habitants de la Nouvelle-Grenade ayant demandé à être réunis au Vénézuéla, le Congrès d'Angustura approuva à l'unanimité la réunion des deux pays.

Le siège du gouvernement fut établi à

Santa-Fé de Bogota. Il ne restait plus en
ce moment aux Espagnols que le littoral de
l'Océan Pacifique et les villes de Caracas et
de Puerto-Cabello.

Le 24 juin 1821 Bolivar remporta sur les
célèbres généraux espagnols la Torre et Mo-
ralès la victoire de Carabobo, ce qui força
la garnison de Caracas à se replier sur la
Guayra. Bolivar l'y poursuivit et mit le
siège devant la place. Le colonel Ferreyra
et ses troupes durent leur salut à l'intervention de l'amiral français Jurien, qui, avec
l'autorisation de Bolivar, les recueillit à son
bord et les transporta à Puerto-Cabello. « Je
« dois vous prier de remercier et de féliciter
« monsieur l'amiral de la conduite qu'il a te-
« nue dans cette circonstance, » dit le général
Bolivar à l'aide de camp de l'amiral Jurien ;

« il a gardé une neutralité qu'on n'eût osé
« espérer d'aucune autre nation que de la
« nation française, et il m'a donné en même
« temps l'occasion de prouver au monde, et
« particulièrement aux Espagnols, que nous
« ne faisons pas la guerre comme des bar-
« bares. Le colonel Pereyra est un excellent
« militaire, qui défend avec une constance
« incroyable une cause injuste et perdue ; je
« lui ai accordé une capitulation qu'il ne
« pouvait espérer, enfin tout ce qu'il a de-
« mandé, parce que je sais qu'il se fût dé-
« fendu jusqu'à la dernière extrémité. C'eût
« été encore du sang inutilement répandu
« pour une guerre qui en a tant coûté, et nous
« devons tous les deux à monsieur l'amiral
« de l'avoir épargné. »

Après cette remarquable campagne, Simon
Bolivar traita de la paix avec les plénipoten-
tiaires espagnols, et les trois provinces : Vé-

nézuéla, Nouvelle-Grenade, Équateur, for-
mèrent, sous sa présidence, la République
Colombienne.

Le grand homme, accusé d'aspirer à la
dictature, se retira en 1828 et mourut de
la fièvre en 1830. La même année, la Colombie s'étant scindée en trois parties, le
général Paëz fit ériger le Vénézuéla en république indépendante.

Les électeurs furent aussitôt convoqués
pour la nomination des membres du Congrès,
et le 18 mars Paëz et le docteur Diego Ur-
banega furent nommés, par l'Assemblée sou-
veraine, président et vice-président du nouvel État.

Dans sa première session, le Congrès vota

la loi qui fixe à Caracas le siège du gouvernement ; celle qui supprime les droits d'importation sur les grains ; celle qui ordonne
l'envoi d'une mission à la Nouvelle-Grenade
pour s'occuper du règlement des intérêts com-
muns ; la loi qui punit de mort les conspira-
teurs, et de l'exil ceux qui ne les dénonçaient
pas, enfin la loi qui approuve les traités de
commerce avec la Colombie et les Pays-Bas.

La session du Congrès se termina au milieu de la paix générale. Un commencement
de soulèvement dans l'Est avait été vite réprimé. Le colonel Cisneros, qui battait encore la campagne à la tête de quelques
partisans, déposa son épée entre les mains
du général Paëz le 22 novembre et se soumit au gouvernement, qui lui conserva son
grade dans l'armée régulière.

Le 31 janvier suivant le Congrès se réunit
et reconnut la nouvelle situation politique de

l'Équateur et de la Nouvelle-Grenade. Le 18 avril il vota la division du territoire de la République en trois districts judiciaires. Les villes de Valencia, Maracaïbo et Cumana devenaient le siège des cours supérieures. Dans le courant du mois de mai, les évêques exilés rentrèrent dans le pays et prêtèrent le serment constitutionnel. Au mois de septembre de la même année fut inaugurée l'Académie des sciences mathématiques, dont le président, Manuel Cajugal, était un des plus grands savants de l'époque.

Le 25 janvier 1833 le troisième Congrès nomma vice-président de la République don Andres Narvarte.

Trois résolutions importantes furent votées ensuite : 1° celle du 6 février, autorisant l'incorporation dans les armées de terre et de mer des officiers qui avaient été expulsés de la Nouvelle-Grenade pour délits politiques ; 2° celle du 20 mars, supprimant le monopole du tabac, et enfin 3° celle du 2 avril, qui abolissait les dîmes et prémices prélevés au profit de l'Église, laissant à la charge du trésor public les frais du culte.

Avant de se séparer, le congrès adopta un traité de commerce avec la France.

En 1834, le 18 février, l'assemblée législative décréta la liberté des cultes, vota, le 10 avril, une loi sur les contrats, qui autorisait la vente des biens des débiteurs aux enchères publiques. Dans cette même session il choisit les 19 avril et 5 juillet comme jours de fêtes nationales, puis expédia les lois sur les tarifs douaniers, les ports, les saisies, le commerce de cabotage.

II

Élection du président Vargas. — Soulèvements sur divers points du territoire. — Paëz est nommé général en chef avec mission de rétablir l'ordre. — La guerre civile.

QUATRE candidats se trouvaient en présence pour l'élection présidentielle qui, d'après la constitution, devait avoir lieu au commencement de l'année 1835.

A la suite de plusieurs réunions électorales, deux candidatures seulement furent maintenues, celles de Marino et Vargas. Aucun des deux n'ayant obtenu la majorité absolue des suffrages, le Congrès nomma dans sa séance du 20 janvier le docteur Vargas président de la République pour une période de quatre ans.

Quelques protestations s'étant produites à la suite de cette élection, les opérations électorales furent annulées et de nouvelles élections décidées.

Investi provisoirement du pouvoir, le docteur Vargas prêta serment le 9 février, et trois mois après adressa sa démission au Congrès, qui la refusa. Il resta alors à la tête du gouvernement.

Le Congrès adopta pour le Vénézuéla le traité de commerce qui existait entre la Colombie et l'Angleterre, et ratifia la convention du 23 décembre sur les tarifs douaniers de Colombie.

Le parti vaincu aux dernières élections commença bientôt à faire de l'opposition au gouvernement du nouveau président. La fédération fut proclamée le 7 juin à Maracaïbo, et Marino choisi comme chef par les mécontents.

Cette tentative fut étouffée et l'ordre rapidement rétabli.

Bientôt après, cependant, la garnison de Caracas se souleva, chassa les principaux magistrats de la ville et tenta de s'emparer du pouvoir.

Vargas convoqua immédiatement son conseil, et autorisé par lui, nomma le général Paëz commandant en chef de l'armée avec mission de rétablir l'ordre. Paëz reçut sa nomination le 14 à San-Pablo, où il se trouvait, partit le 17 avec cinquante cavaliers, se

dirigea rapidement sur Valence, tout en
recrutant des troupes en chemin, et se pré-
senta devant cette ville à la tête de trois cents
hommes. Après s'en être fait ouvrir les portes
le 23, il marcha en hâte sur Caracas, où il
entra cinq jours plus tard avec des troupes
provenant d'Ortiz.

Paëz demanda au Conseil de se réunir de
suite, afin de reconstituer le pouvoir un
moment ébranlé.

Le chef des révolutionnaires, Carujo, suivi
par ceux qui avaient abandonné la capitale,
se dirigea vers l'est à la recherche du général José Tadeo Monagas. Il avait refusé
la haute situation de commandant en chef
des forces de l'orient que Paëz lui avait
offerte, préférant, disait-il, combattre avec
les insurgés qui désiraient des réformes. Il

se mit en effet à leur tête et ne tarda pas à réunir de nombreux partisans.

La désunion existait dans le camp des révolutionnaires. Les uns, ceux de Caracas, voulaient simplement des réformes; les autres, ceux de l'orient, avaient pour objectif le retrait aux civils du gouvernement de l'État et le rétablissement de la confédération colombienne.

Le 1er septembre, les insurgés de l'est prirent Rio-Chico. Les constitutionnels triomphèrent le 8 suivant à Cariaco.

A la même époque, les mécontents de l'ouest déposèrent les autorités de Quibor, se rendirent maîtres de Maracaïbo et levèrent à Altagracia l'étendard révolutionnaire.

Bientôt après, la ville de Carupano tomba au pouvoir de Carujo.

Ce dernier, prévenu que Paëz venait au devant de lui avec des forces importantes, abandonna Carupano, qu'il n'était pas en état de défendre. Dans un conseil tenu entre Monagas, Marino et lui, il fut décidé qu'une partie de leurs troupes se rendrait par mer sur les côtes de Caracas, et que l'autre, sous les ordres de Monagas, tiendrait tête à Paëz.

Ce projet reçut un commencement d'exécution, mais Carujo, ayant appris que Paëz envoyait des troupes à la rencontre des siennes, modifia le plan primitif et dirigea ses soldats sur Puerto-Cabello, où ils débarquèrent le 25 octobre.

Les gardiens de la place s'unirent aux hommes de Carujo et marchèrent ensemble sur Valencia, que commandait le général

Carreno. Ce chef abandonna la ville pour se replier sur Tinaquillo, ce qui permit aux réformistes de s'en emparer sans coup férir.

Peu après, Carreno, ayant réuni des troupes en assez grand nombre, reprit l'offensive et s'empara de la place qu'il avait dû abandonner. Les révolutionnaires, sans qu'on ait pu s'expliquer pourquoi, se replièrent sans combat sur Naguanagua, puis sur Puerto-Cabello.

De son côté, Monagas, en habile stratégiste et avec une remarquable activité, réussit à fatiguer les troupes de Paëz par des marches et des contre-marches accomplies dans un pays qui leur était inconnu.

Paëz pensa alors que le moment était venu d'employer d'autres moyens que la guerre; il prit à cet effet, le 3 novembre,

une décision par laquelle il accordait à Monagas et à ses partisans une amnistie plé-
nière. Ainsi débarrassé d'un adversaire
redoutable, Paëz se dirigea sur Puerto-Cabello pour en activer le siège.

De son côté, le général Montilla, qui
exerçait les fonctions de commandant en
second de l'armée, partit à la tête de
cinq cents hommes pour soumettre Maracaïbo.

C'est au milieu de tous ces événements
que se réunit le sixième Congrès ordinaire.
Un de ses premiers actes fut d'autoriser
Paëz à proclamer, sous certaines réserves,
une amnistie en faveur de tous les révolutionnaires.

Les habitants de Puerto-Cabello refusèrent
d'accepter les conditions du Congrès et vou-

lurent continuer la lutte, mais, trahis par les gardiens de la citadelle, ils furent obligés de se rendre à discrétion.

Le général Montilla n'eut pas à combattre à Maracaïbo, car le chef des révoltés, Farias, ayant appris ce qui venait de se passer, se rendit sous la condition que tous ses biens lui seraient conservés et qu'il aurait la vie sauve ainsi que ses soldats. Ce fut la fin de cette période révolutionnaire.

III

Présidence du général Soublette. — Révolte du colonel Farfan. — Reconnaissance officielle du Vénézuéla par plusieurs Puissances. — Présidence du général Paëz. — Projets du colonel Codazzi. — Translation des cendres de Bolivar à Caracas. — Deuxième élection du général Soublette. — Formation du parti libéral. — Élection présidentielle. — Insurrection de 1848.

LE 24 avril 1836 Vargas offrit sa démission au Congrès, qui l'accepta.

Le 11 mai suivant le général Soublette fut élevé à la présidence.

Dans cette session les députés approu-

5*

vèrent des traités d'amitié, de commerce et
de navigation avec la Nouvelle-Grenade et
les États-Unis d'Amérique, votèrent la loi sur
l'organisation des tribunaux et la mise en
pratique du code de procédure judiciaire,
modifièrent les armes de la République et
enfin offrirent à Paëz une épée d'or et un di-
plôme lui conférant le titre de citoyen illustre.

A quelque temps de là un malheureux
événement vint encore troubler la paix publique : le colonel Farfan se souleva dans le
seul but de satisfaire une vengeance personnelle. Paëz intervint aussitôt, lui fit déposer
les armes, et lui accorda sa grâce.

Le 26 janvier 1837, le Congrès se réunit
à nouveau. Narvarte ayant donné sa dé-

mission, le général Carreno fut élu vice-président à sa place, et Soublette, qui avait été
chargé d'une mission en Espagne, rentra à
Caracas pour reprendre la direction des affaires.

Sur ces entrefaites, Farfan, poussé par les
ennemis du gouvernement, leva en Guyane
l'étendard de la rébellion.

Paëz, désigné pour le combattre, se dirigea
sur Apure, centre d'opérations des insurgés,
mais ayant rencontré ces derniers à Saint-
Jean de Payara, il leur livra bataille avec
une poignée d'hommes et les mit en complète déroute. Ce brillant fait d'armes mit
fin à la guerre.

Le 27 mai 1837 les villes anséatiques Lu-

beck, Hambourg et Brême reconnurent
l'indépendance du Vénézuéla. Le 26 mars
de l'année suivante le Danemark la reconnut à son tour.

A l'expiration des pouvoirs de Soublette,
le 1er février 1839, le général Paëz fut
nommé président. C'est sous son administration que la Suède et la Norwège don-
nèrent leur adhésion à la nouvelle forme
gouvernementale du Vénézuéla.

En 1841, le 26 novembre, les pouvoirs
publics autorisèrent un emprunt de 15,000
piastres en faveur du colonel Codazzi, avec
faculté de porter cette somme jusqu'à
60,000 piastres. Le colonel voulait fonder
des villages agricoles dans de petites val-

lées rapprochées les unes des autres, et situées de manière à s'entr'aider mutuellement.

L'ordonnance du président de la République rendue à ce sujet contient les dispositions suivantes :

Les chefs de la nouvelle colonie sont te-
nus :

1° De n'admettre que des familles hon-
nêtes, laborieuses et reconnues dans un
état sanitaire satisfaisant;

2° Ils feront choix de préférence de mé-
nages dont les enfants seront en âge d'être
utilisés pour les travaux agricoles;

3° Ils rechercheront autant que possible
parmi les émigrants européens, un certain
nombre d'artisans tels que maçons, charpen-
tiers, forgerons, tisserands, tailleurs de
pierres, cordonniers et tailleurs;

4° Ils devront installer dans la colonie
un prêtre et un médecin ;

5° Ils procéderont immédiatement à la construction des édifices pour le logement des colons et le besoin du culte;

6° Le plan des villages et hameaux projetés sera soumis au gouvernement;

7° Enfin, ils devront remettre chaque semestre un état des progrès de la colonie et une statistique du mouvement de la population.

Le colonel Codazzi créa sa première colonie dans la chaîne côtière, entre la Guayra et le port Maya.

En 1842 une imposante cérémonie vint faire battre le cœur de tous les bons patriotes. Les restes du grand Libérateur Simon Bolivar furent transférés à Caracas au milieu d'un concours considérable de populations venues de tous les points du territoire.

Le général Carlos Soublette fut élu, l'année suivante, président de la République.
C'est vers cette époque que prit naissance
le parti libéral dont l'organe, le journal *El
Venezolano,* avait pour directeur et rédac-
teur en chef un écrivain de grande valeur,
M. Antonio Leocadio Guzman.

En 1845, le 26 mars, la nation espagnole
reconnut enfin d'une façon officielle l'indépendance de son ancienne colonie.

Le parti libéral faisait tous les jours de
nouveaux progrès. Ses partisans étaient fort
nombreux, et ses chefs, tous hommes éminents, déployaient un zèle des plus loua-
bles.

Le gouvernement s'émut de cet état de

choses. Un acte arbitraire au plus haut
chef vint précipiter les événements. M. Guzman ayant obtenu la majorité pour la présidence de la République, ses adversaires
firent annuler les élections et proclamer à sa
place le général José Tadeo Monagas.

A la suite de ces faits, une bande d'insurgés commandés par Rangel s'empara de
de Guïgüe le 2 septembre; une autre, sous
les ordres des frères Echeandia, entra à Ta-
carigua le 18 du même mois.

Les troupes du gouvernement battirent
les révolutionnaires à Païguito le 1er mars.
Peu de temps après, M. Guzman, qui défendait avec une conviction profonde et un
talent remarquable les doctrines libérales
aussi bien par ses écrits que par sa parole
éloquente, fut poursuivi, jugé et condamné

à mort. Cette peine fut commuée en bannis-
sement le 2 juin.

Une opposition formidable s'éleva alors
contre les actes de Monagas ; la presse en
masse l'attaqua violemment, et les députa-
tions provinciales demandèrent la mise en
accusation du président.

C'est dans ces circonstances que les
Chambres s'assemblèrent au commencement
de 1848.

Le 24 janvier, les membres du Congrès
furent attaqués en pleine séance et dispersés
à coups de fusil par les troupes du gouvernement.

Quatre députés furent tués et un cinquième
grièvement blessé.

Le lendemain, le général Monagas attribuait, dans une proclamation, ces déplorables scènes à la populace.

De nombreuses adresses ayant été envoyées à Paëz, celui-ci répondit par un manifeste où, après avoir exposé la conduite de Monagas, il déclarait qu'il ne déposerait les armes qu'après avoir puni les meurtriers des membres du Congrès et rétabli le règne de la loi.

Une amnistie générale de tous les délits politiques commis depuis 1835 fut solennellement publiée. M. Guzman refusa de rentrer dans sa patrie et resta à Curaçao, où Monagas le nomma représentant de la République.

Paëz ouvrit la campagne dans les llanos, avec une poignée d'hommes, d'une manière très brillante; mais, abandonné des siens, il se vit contraint de se retirer dans la Nouvelle Grenade, d'où il passa un peu plus tard à Curaçao.

Antonio Leocadio Guzman rentra alors à Caracas et fut nommé ministre de l'intérieur, de la justice et des affaires étrangères.

IV

Élections de 1850. — Traités internationaux. — Insurrection de 1853. — Tremblement de terre de Cumana.

ES élections de 1849 envoyèrent au
Congrès des hommes entièrement
dévoués à Monagas.

Antonio Leocadio Guzman fut
à la même époque proclamé vice-
président de la République. Au mois de
juin, les partisans de Paëz se soulevèrent,

mais sans succès. Paëz, fait prisonnier, fut
traité avec rigueur. Il ne dut sa liberté, après
plusieurs mois de captivité, qu'à l'énergique
intervention du sénateur Randon, qui obtint
du Congrès un vote convertissant en exil la
prison de l'illustre général.

Au mois d'octobre 1851 eurent lieu les
nouvelles élections pour la présidence. Aucun des candidats n'ayant obtenu la majorité légale, la question fut portée devant le
Congrès, qui proclama président, le 20 janvier 1851, le général Jose Gregorio Monagas, propre frère du président sortant. Cette
élection vint le surprendre à Barcelona, où
il était commandant de place. Son premier
soin fut de constituer un ministère dont
M. Aranda faisait partie avec le portefeuille
des affaires étrangères.

L'année 1851 s'est signalée par peu d'événements politiques, aucune tentative insurrectionnelle n'a eu lieu, et l'autorité du président n'a point été attaquée.

Quelques difficultés religieuses sont seulement survenues à l'occasion de l'archevêque de Caracas, à qui le Souverain Pontife refusa de donner l'institution canonique.

Pour empêcher le renouvellement de pareilles difficultés, le président nomma M. Michelina y Rojas envoyé extraordinaire auprès de Pie IX, avec mission de négocier un concordat.

Le souverain Pontife reçut fort bien le représentant du Vénézuéla et lui dit que son plus grand désir était de conclure des traités de ce genre avec tous les États catholiques.

En 1852 le gouvernement signait : 1° avec

le Brésil, une convention destinée à fixer les limites des deux pays et un traité d'extradition pour les criminels et déserteurs ; 2° avec la France, un traité d'extradition; 3° avec l'Espagne, une convention pour l'exécution réciproque des contrats civils et des jugements.

Peu après, tous les traités de commerce sur le point d'expirer, avec le Danemark, les Pays-Bas, la Suède, les villes anséatiques, furent dénoncés; seuls les traités avec la France et l'Angleterre furent maintenus.

Cette même année, Leocadio Guzman fut chargé d'une importante mission à Lima. Il devait réclamer du gouvernement péruvien une somme de quatre millions que le Pérou avait votée autrefois en faveur de Bolivar, et que celui-ci avait léguée en mourant à ses héritiers ou à des établissements de bienfaisance du pays.

L'élection pour la vice-présidence de la
République, qui eut lieu à la fin de l'année,
donna la majorité au docteur Joaquin Herrera, qui fut proclamé élu.

Le gouvernement se proposait de faire
voter une amnistie en faveur des insurgés
de 1848 lorsqu'au mois de mai 1853 une
vaste insurrection, ayant pour but l'éviction
du pouvoir du général Gregorio Monagas,
éclatait dans le pays. Du reste, les uns
intervenaient au nom du parti conservateur
et se fussent ralliés, s'ils avaient réussi, au
commandement de leur chef le général Paëz,
réfugié depuis quelques années aux États-
Unis; d'autres espéraient faire sortir de la
confusion une dictature nouvelle du général
Tadeo Monagas, propre frère du président
en fonctions.

L'insurrection s'étendait aux provinces de Carabobo, Varinas, Apure, Guarico, Trujillo, Merida; elle avait pour chef Juan de Llamosa, gendre du général Paëz; le colonel Castejon, le représentant du peuple Napoléon Arteaga à Apure, le commandant Mirabal à Varinas, et elle se recrutait surtout parmi les habitants des llanos.

A Cumana, le mouvement avait un autre caractère. Dirigé par le sénateur Stanislas Randon, le colonel Nicolas Brito, le gouverneur et autres personnages, il laissait voir des tendances fédérales.

On commençait par proclamer l'indépendance de la province; l'insurrection se mettait à l'abri du côté de la mer en saisissant les bâtiments de l'État; elle s'emparait notamment de deux goélettes venant de Ciudad-

Bolivar, d'où elles portaient des vivres et de l'argent.

Le président, en présence de ces différents mouvements, se hâtait de prendre quelques mesures, et nommait son frère Tadeo général en chef de l'armée d'opération.

Deux chefs insurgés, Mirabal et Lara Vasquez, après avoir vainement cherché à s'entendre, mirent bas les armes sans avoir combattu.

L'insurrection éprouvait coup sur coup d'autres échecs sur plusieurs points, et bientôt il ne restait plus que Cumana, où il se rencontrait une résistance vigoureuse.

Le président, dans ces circonstances graves, avait recours à son auxiliaire le plus précieux, M. Obrégon; il l'envoyait à Curaçao pour acheter quelques bâtiments et enrôler des marins, afin d'attaquer l'insurrection par mer, tandis que le général Tadeo Monagas l'attaquerait par terre.

Le chef du mouvement, le sénateur Stanislas Randon, essayait de dissoudre ce faisceau de forces en écrivant au général Tadeo Monagas pour lui offrir la présidence de la République fédérative, mais celui-ci, sans faire aucune réponse, transmettait la lettre à son frère, et Randon restait isolé, réduit à envoyer chercher des munitions, des armes, des renforts jusqu'aux États-Unis.

Le général Paëz, instruit lui-même des événements à New-York, se disposait à intervenir, lorsqu'un événement aussi terrible qu'imprévu vint au secours du gouvernement : le 15 juillet un effroyable tremblement de terre détruisit presque complètement la ville de Cumana; ce fut le dernier coup porté à l'insurrection.

La consternation était telle que les navires qui s'étaient joints au mouvement se hâtèrent d'aller faire leur soumission; la ville elle-même se rendit au général Tadeo Monagas, dont elle invoquait le secours.

Ainsi finit cette insurrection qui avait duré trois mois.

Le président amnistia ceux qui y avaient pris part, les privant toutefois de leurs grades et de leurs emplois.

V

Abolition complète de l'esclavage. — Insurrection de
1854. — Élection à la présidence de José Tadeo Monagas. — Conflit entre le Vénézuéla et la Hollande. —
Session législative de 1856.

LE 7 février 1854 eut lieu la réunion du Congrès. Quelques jours
après, le président de la République demanda des pouvoirs ex-
traordinaires, l'autorisation de lever
dix mille hommes et d'emprunter, soit au

dedans, soit au dehors, 2,000,000 de piastres.

Dès l'époque de l'indépendance, des lois
posaient le principe de la liberté des noirs,
en instituant un mode d'émancipation pro-
gressive. C'est ainsi qu'un grand nombre
d'entre eux étaient arrivés à la liberté, en-
trant dans les emplois publics, dans l'armée
et au Congrès. Ces représentants furent les
instigateurs d'une loi nouvelle qui proclamait
l'abolition de l'esclavage, immédiate, sans
condition, et posait le principe d'une indemnité en faveur des propriétaires d'esclaves.

Le Congrès ne terminait point ses travaux
en 1854, sans que le président vînt réclamer la prolongation des pouvoirs extraordi-
naires qui lui avaient été accordés, et cette
fois ce n'était pas sans motifs.

Tout annonçait, en effet, la prochaine explosion d'une nouvelle guerre civile. L'insurrection éclata peu après.

Au mois de juin, au moment de la séparation des Chambres, le général Grégorio Monagas adressa au pays la proclamation suivante :

« Libéraux du Vénézuéla, Paëz et ses satellites nous appellent au combat. Ils ont soif de notre sang et veulent le verser sur l'autel de leur vengeance. Nous combattrons pour la liberté comme nous avons combattu tant de fois; nous combattrons contre ceux qui oppriment la patrie de nos enfants, et en revenant dans nos foyers, entourés des gages que notre cœur aime le mieux, nous chanterons avec enthousiasme l'hymne de la victoire et de la gloire. Je vous le jure, ci-

toyens, vaillants défenseurs de la liberté, le
Vénézuéla ne sera l'esclave d'aucun tyran.
Le soleil n'éclairera parmi nous que des
hommes libres, et si la fortune nous refusait
ses faveurs, si la Providence avait décrété
notre ruine, le tyran ne régnerait que sur
des décombres et des cadavres... »

L'insurrection s'étendit successivement
dans les provinces de Coro, de Valence, de
San-Felipe, de Barquisimeto. Elle était di-
rigée sur ces divers points par le général
Rodriguez, le colonel Garces, le commandant Vasquez. A Barquisimeto, un corps
militaire refusa d'obéir aux ordres du gouvernement et proclama le général Paëz. Le
mouvement gagna aussi la province de Varinas et chercha à recruter des soldats dans
les savanes de l'Apure. Les insurgés de Coro

furent mis en déroute les 13 et 17 juillet, après un combat où leur chef, le colonel Garces, fut tué en se défendant comme un lion avec son fils et quelques jeunes gens accourus de Caracas. Le 27 juillet les insurgés de Barquisimetto, conduits par le général Rodriguez, étaient battus d'un autre côté par le général Silva. Le 29, ceux de San-Felipe, sous les ordres de Vasquez, éprouvaient le même sort.

Les navires chargés d'armes que Paëz expédiait de New-York aux insurgés de la partie orientale de la République n'arrivèrent que tardivement, quand tout était fini. Le général Rodriguez, ayant été pris, fut tué par les soldats chargés de l'escorter, au moment où il tentait de s'évader. Le commandant Vasquez eut le même sort.

Le 20 janvier 1855 le général José
Tadeo Monagas, frère du président dont les
pouvoirs venaient d'expirer, était élu à
l'unanimité à la magistrature suprême.

Le 29, le général, absent au moment de
son élection, arrivait à Caracas; le 30 il
prêtait serment et prenait possession de la
présidence de la République.

Dans un message qu'il adressait aux
Chambres quelques jours après, il exprimait
l'intention de gouverner non dans l'intérêt
d'une coterie, mais dans l'intérêt du pays et
par l'union des partis. Il appelait l'attention
des Chambres sur la nécessité de réorganiser
les finances, d'épurer l'administration de la
justice et de réformer quelques-unes des lois
les plus récentes, notamment la loi sur l'a-
bolition de l'esclavage, pour arriver à établir
d'une manière plus solide l'indemnité pro-
mise aux propriétaires d'esclaves.

Une question diplomatique assez sérieuse s'éleva cette année et faillit aboutir à un conflit entre le Vénézuéla et la Hollande.

Il y a une petite île, du nom d'Aves, perdue sur les côtes de l'Amérique, presque à égale distance de la Guadeloupe et des possessions hollandaises.

Depuis quelques années le Vénézuéla avait pris possession de cette île et il avait traité avec une maison des États-Unis pour l'extraction du guano. De là une protestation, non justifiée, de la Hollande. En 1855, le gouverneur de Curaçao et des possessions hollandaises adjacentes arrivait à Caracas avant de se rendre à son poste. Il était chargé de réclamer quelques réparations pour des dommages essuyés par des Hollandais, dans la province de Coro, et d'obtenir que le Vénézuéla se retirât volontairement de l'île d'Aves; faute d'une retraite volontaire, le gouverneur de Curaçao avait l'ordre formel de s'emparer de l'île de vive force.

Le gouvernement du Vénézuéla refusa énergiquement de se soumettre à ces conditions, et bientôt après, le 5 mars 1856, une escadre hollandaise paraissait devant la Guayra. Le chef de ces forces navales était porteur d'un ultimatum réclamant en premier lieu la révocation du gouverneur de Coro. De plus, le Vénézuéla reconnaîtrait le droit des Hollandais lésés à une juste indemnité, dont le chiffre serait fixé ultérieurement par une commission mixte. Enfin, les droits de la Hollande sur l'île d'Aves devaient être mis hors de toute contestation. Trois jours étaient accordés au gouvernement du Vénézuéla pour souscrire à cet ultimatum. L'acceptation devait être pure et simple, et, en cas de refus, le recours de la force serait immédiat.

La situation était critique.

Sans souscrire à l'ultimatum qui lui était signifié, le gouvernement vénézuélien répondit par des propositions nouvelles et offrit d'envoyer un plénipotentiaire à La Haye. Il eut l'idée fort sage de convoquer les membres du corps diplomatique étranger : M. Levraud, consul général de France; M. Bingham, consul général d'Angleterre, et M. Eames, chargé d'affaires des États-Unis, qui déclarèrent que toute discussion n'était point épuisée et que l'offre d'envoyer un ambassadeur à La Haye était acceptable.

Les membres du corps diplomatique s'interposèrent d'ailleurs individuellement et réussirent à amener une transaction qu'on peut traduire à peu près en ces termes :

L'escadre hollandaise se retirerait; l'ultimatum serait suspendu; la question de l'île d'Aves resterait réservée pour être déférée à

un arbitrage. L'indemnité due aux sujets
hollandais lésés serait réglée à l'amiable par
une commission ; et, en cas de difficulté, la
question serait traitée à La Haye.

Ainsi se dénoua cette question si importante pour la République vénézuélienne.

Au mois de décembre 1855 le général
Monagas rendait deux décrets, dont l'un
avait pour objet la liquidation, le classement
et la reconnaissance des créances à la charge
de l'État ; l'autre assignait les fonds nécessaires au paiement des diverses dettes.

Le 20 janvier 1856 s'ouvrit la nouvelle
session. Le président exposa dans son message habituel la situation de la République,
parla de la reconstitution de la Colombie

dans les termes les plus pompeux et invita les législateurs à étudier les moyens de réaliser cette grande pensée.

Le Sénat et la Chambre des députés adoptaient le 14 février 1856 un décret ainsi conçu :

Art. 1ᵉʳ. — Les Congrès futurs ont tout pouvoir pour procéder à la réforme générale de la constitution, en observant les formalités nécessaires pour la confection des lois.

Art. 2. — La réforme s'effectuera quand le peuple le demandera, et que les Chambres actuelles auront été renouvelées en entier. »

Au mois de juillet suivant un mouvement insurrectionnel se produisit à Maturin,

dans la province de Cumana. Ce mouvement fut bien vite réprimé par le général
Sotillo, et son chef, un nommé Brache,
ayant été pris, fut immédiatement fusillé.

VI

Arrivée du général Florès à Caracas. — Convention consulaire entre le Vénézuéla et la France. — Abdication de Monagas. — Gouvernement du général Castro. — Convocation d'une Assemblée nationale. — Le général Monagas à la Légation de France.

LE Congrès fit en 1857 une constitution nouvelle qui fut sanctionnée et promulguée le 19 avril de la même année. Le lendemain, le président Tadeo Monagas et M. Oriach, vice-président de la République,

furent confirmés pour six ans dans leurs
fonctions.

A la fin de mars 1857 arrivait à Caracas
le général Juan-Jose Florès, ancien président de l'Equateur. Après avoir erré dans
tout le pays, Florès sollicitait sa réintégration dans l'armée vénézuélienne comme ancien général en chef colombien, et demandait l'intervention du gouvernement de Caracas auprès de celui de l'Équateur pour la
restitution de ses biens, évalués à plusieurs
millions.

A son arrivée, Florès demandait au président de le loger chez lui ; celui-ci allégua
l'insuffisance du palais, et Florès s'en alla
loger dans un hôtel habité par tous les représentants.

Monagas voyait le nouvel arrivant avec

une extrême défiance, il le considérait comme un rival dangereux, surtout en présence des ovations multiples dont il était l'objet. Sa réintégration dans l'armée vénézuélienne fut cependant votée à l'unanimité.

Le 24 octobre 1856 une convention consulaire avait été conclue entre la France et le Vénézuéla. Cette convention, approuvée par le Congrès le 30 avril 1857, comprenait dix-sept articles, était valable pour cinq ans et restait renouvelable d'année en année, à moins de dénonciation régulière. Elle stipulait les droits, garanties et immunités des consuls de France dans le Vénézuéla et des consuls vénézuéliens en France.

Par l'article 14, il était convenu entre les deux parties contractantes « qu'indépendamment des stipulations qui précèdent, les

6*

agents diplomatiques et consulaires, les citoyens de toute classe, les navires et marchandises de l'un des deux États jouiraient de plein
droit dans l'autre de franchises, privilèges et
immunités quelconques consenties ou à consentir au profit de la nation la plus favorisée, et ce gratuitement, si la concession est
gratuite, ou avec la même compensation ou
l'équivalent, si la concession est condition-
nelle. »

Vers la fin de 1857 une certaine fermen-
tation apparut dans quelques provinces.

Le général Castro, qui commandait à Valence, et qui était soupçonné de tremper
dans des plans révolutionnaires, publiait un
manifeste pour protester de sa fidélité au
gouvernement.

Le général Falcon, accusé d'avoir agi avec

mollesse dans différentes circonstances, demandait à se justifier devant un conseil de guerre.

Le ministre des finances, M. Guttierez, qui était très impopulaire, était remplacé par M. Arvelo, et le général Castelli était appelé au ministère de la guerre.

Le 1er février 1858 s'ouvrit la session législative, rien de particulier ne signala les travaux du Congrès, si ce n'est une proposition d'amnistie qui fut adoptée à l'unanimité.

Au mois de mars 1858 des arrestations multipliées et précipitées, faites sur l'ordre du gouvernement, furent les premiers signes d'événements graves. Un détachement de

cent cinquante hommes, travaillant au chemin de la Victoria, se souleva à l'appel du
colonel Brito, et les révoltés se répandirent
dans la campagne, ralliant à leur cause un
certain nombre de villages dans les environs
de Caracas.

Pendant ce temps, le général Julian Castro, qui commandait à Valence, se pronon-
çait à son tour. Puerto-Cabello, Cumana,
Barquisimeto, où se trouvait le général Soto,
entraient dans le mouvement. Les populations se levaient de tous les côtés, si bien que
le 12 mars le général Castro se trouvait à
Victoria avec dix mille hommes menaçant
Caracas.

Le 14 mars Castro écrivait une lettre au
général Carlos Castelli, commandant des
forces de Monagas, pour lui faire connaître
qu'il avait l'intention de marcher sur la capitale pour renverser le président, convoquer

ensuite une convention nationale et réorganiser la République. Avant d'aller plus loin,
Castro pressait Castelli de se joindre à l'insurrection. « Si, contre tous mes désirs et
mes espérances, » disait-il, « si, ce qu'à Dieu
ne plaise, vous persistez à soutenir le pouvoir
tyrannique de Monagas, et à vous opposer
à notre marche sur la capitale, il est de mon
devoir de vous déclarer que vous serez responsable du sang versé et des calamités qui
naîtront de la guerre civile. » Jusque-là il
n'y avait point eu un combat. Quelques navires insurgés étaient devant la Guayra,
sous les ordres du général Justo Briceno;
Castro campait à la Victoria avec des masses
considérables.

Le président fut effrayé du caractère spon-
tané et universel de cette insurrection si ra-
pide. De toutes parts, d'ailleurs, on le pressait, on le sollicitait d'éviter une guerre ci-

vile. Assailli d'un côté, peu soutenu de l'autre, Monagas abdiqua le 15 mars en son nom comme président et au nom de M. Oriach, vice-président de la République.

Le général Castro entrait librement à Caracas, acclamé par la population, et formait un gouvernement provisoire dont il devint le chef.

Les autres membres étaient MM. Manuel-Félix Tovar, le colonel Micheu, Urrutia, Geral, Sizo, Fermen Toro, qui occupaient les divers ministères et les principales positions administratives ou militaires.

A peine installé, le général Castro adressait le 19 mars une lettre au général Paëz, pour le rappeler dans son pays. « En m'adressant comme chef de l'État et comme ami à votre Excellence, pour l'engager à revenir le plus tôt possible dans le Vénézuéla, » disait le président au général Paëz, « je ne fais qu'exprimer le sentiment national et satisfaire à un désir de mon cœur. Nous désirons tous vous voir et mettre à profit vos opinions, vos services, prouvant ainsi d'une manière non équivoque que nous savons apprécier vos vertus, rendre justice à vos glorieux antécédents. Une commission, composée de MM. Guevara, Manuez Paëz, Jean Bautista Myares, Echezuria et Simon Madriz, dépose cette lettre entre les mains de votre Excellence, elle a la mission spéciale de l'accompagner jusqu'à cette capitale. »

Un appel semblable était adressé au général Carlos Soublette et au général Florès, également exilés.

Outre ces actes de réparation envers les personnes, le gouvernement provisoire convoquait une Assemblée nationale pour reconstituer la République sur les bases de la plus ample liberté.

Tous les Vénézuéliens, sauf les mineurs, les aliénés, les condamnés et les ivrognes, étaient appelés à nommer les représentants, et l'Assemblée nationale devait se réunir le 5 juillet à Valence.

A peine sorti du pouvoir, le général Tadeo Monagas s'était hâté de chercher un asile à la légation de France. Le ministre des affaires étrangères, M. Guttierez, et un autre haut fonctionnaire, M. Giuseppi, s'étaient réfugiés sous le même abri.

Le nouveau gouvernement revendiqua l'ancien président pour le soumettre à un jugement régulier.

Le représentant de la France ne voulut pas abandonner ceux qui étaient venus lui demander un refuge. Pendant cinq jours et cinq nuits la légation de France fut assiégée par le peuple, gardée à vue et souvent menacée.

Après bien des pourparlers, un protocole fut signé le 26 mars 1858, entre tous les membres du corps diplomatique et le docteur Urrutia, ministre des affaires étrangères du Vénézuéla, pour résoudre le mieux possible cette épineuse question.

Il était convenu par ce protocole que l'ancien président se mettrait par écrit à la disposition du gouvernement et s'engagerait à ne rien tenter contre la révolution. D'autre part, il ne serait soumis à aucun jugement.

Il serait provisoirement conduit dans une maison particulière de la ville, où il pourrait voir sa famille aussi bien que les membres du corps diplomatique, et où sa sûreté serait garantie ; le gouvernement ne fixait pas la durée de cette détention, qui devait être abrégée le plus possible, et le protocole ajoutait qu'il serait ensuite délivré au général Monagas des passe-ports et un sauf-conduit pour se rendre avec sa famille à l'étranger, où il séjournerait tant que le gouvernement le jugerait nécessaire à la tranquillité du pays.

VII

Mouvements révolutionnaires à Guanarito, Coro, etc.
— Élection de Manuel Felipe de Tovar à la présidence.
— Insurrection de 1859-1860. — Dictature du général
Paëz. — Continuation de la guerre civile. — Constitution de 1864. — Indemnités accordées aux sujets français victimes de la guerre. — Traité d'alliance avec les
républiques de l'Amérique du Sud. — Nouvelles insurrections.

Dès que l'Assemblée constituante, convoquée par le gouvernement provisoire, se fut réunie à Valence, ses membres travaillèrent pendant six mois consécutifs à l'élaboration des nouvelles lois constitutionnelles.

Malheureusement, le calme fut de courte durée.

Le 14 janvier 1859, après la rentrée du général Castro à Caracas, des mouvements révolutionnaires commencèrent à éclater.

A Guanarito, un corps de quinze cents hommes, ayant pour chef M. Linarès, prit les armes.

A la fin de février, la garnison de Coro, sous les ordres du général Zamora, suivit le mouvement. Ce chef organisa à Barinas une sorte de gouvernement provincial.

Le 24 juillet le général Falcon débarquait près de Puerto-Cabello.

En présence de cette situation critique, Castro, débordé par l'insurrection, publia lui-même une proclamation par laquelle il semblait se rallier aux doctrines fédéralistes. Malgré cela, il fut arrêté le 1ᵉʳ août par deux bataillons dont les officiers proclamèrent la fédération avec le général Falcon comme chef.

La population fut appelée à former un gouvernement provisoire. Le général Silva resta commandant militaire supérieur.

La lutte ne tarda pas à recommencer. Le colonel Casas, qui était maître du parc d'artillerie de la capitale, refusa de reconnaître le gouvernement insurrectionnel. Le combat s'engagea alors dans les rues entre les fédé-

7

ralistes, ayant à leur tête le général Aguado,
et les partisans des conservateurs, qui pré-
tendaient défendre la constitution.

La victoire échut à ceux-ci; le gouvernement provisoire disparut, et le général Aguado
se replia sur la Guayra avec ce qui lui restait de troupes.

Les vainqueurs investirent le docteur
Pedro Gual du pouvoir exécutif.

La situation était toujours précaire, car
la Guayra restait au pouvoir des fédéraux;
le général Falcon disposait encore de trois
mille hommes, avec lesquels il errait autour
de Valencia et de Barcelone; Sotillo était
devant Mathurin.

Le gouvernement du docteur Gual forma
un petit corps d'armée qui reprit possession
de la Guayra, défendue par le général
Aguado.

Le 28 septembre don Manuel Felipe de
Tovar fut élu président de la République
par la Convention nationale. Pendant ce
temps, le général Falcon s'était dirigé vers
Barquisimeto, et après avoir triomphé à la
Sabana de la Cruz, il entrait dans la ville
le 30 septembre.

Le gouvernement, ayant connu les rapides
progrès du général Zamora et sa marche
vers l'ouest, leva une armée de quatre mille
hommes qu'il plaça sous le commandement
du général Ramos. Sans perdre de temps, ce

chef se mit à la recherche de l'ennemi et
le rencontra près du village de Santa-Inès.
La lutte s'engagea, et, après des efforts hé-
roïques, Zamora fit triompher le drapeau de
la fédération.

A la nouvelle de cette défaite, le gouvernement désigna le général Léon de Febrès
Cordero pour organiser un nouveau corps
d'armée chargé d'arrêter les progrès de Zamora. Ce dernier, qui s'était mis à la pour-
suite des troupes constitutionnelles, vint
ensuite mettre le siège devant San-Carlos
avec six mille hommes, mais, atteint mortel-
lement par une balle, il succomba le 10 février 1860.

Peu de temps après la place se rendit au
général Falcon qui, sans perdre de temps,
marcha sur Coplé, où il rencontra l'armée
constitutionnelle commandée par Cordero.

Les troupes du gouvernement furent vic-

torieuses, et Falcon, accompagné du général
Antonio Guzman Blanco et des principaux
chefs, passa dans la Nouvelle-Grenade, afin
de reconstituer une armée capable de recommencer la guerre au mois d'avril.

Le président don Manuel Felipe de Tovar
donna sa démission en mai 1862 et fut remplacé le 20 du même mois par le vice-président docteur Gual. Sa magistrature dura
peu, car, le 29 août, la garnison de la capitale se souleva, le fit prisonnier et proclama
dictateur le général José A. Paëz. Ce vieux
serviteur de l'indépendance accepta le pouvoir le 9 septembre et essaya aussitôt de
terminer la guerre civile sans autre effusion
de sang, mais il ne réussit qu'à rallier au
gouvernement quelques chefs dont il était
l'ami.

Le général Falcon et ses lieutenants,
n'ayant pas trouvé ce qu'ils désiraient dans
la république voisine, passèrent aux Antilles,
d'où ils s'embarquèrent pour le Vénézuéla
le 10 juillet 1862. Assistés de quelques amis
qui les attendaient, ils débarquèrent aux
environs de Cora.

La guerre recommença plus terrible que
jamais. Les troupes du gouvernement luttaient de tous les côtés à la fois. Enfin, le
23 avril 1863, une conférence eut lieu à
Coche entre le général Guzman Blanco et
Pedro Rojas, secrétaire général du gouvernement. Le résultat fut une convention dont
les clauses principales étaient la convocation d'un Congrès et la démission du général Paëz. Ratifié par ce dernier, ce com-
promis fut admis également par le général

Falcon avec quelques modifications de forme.

Le Congrès se réunit le 15 juin à Caracas et proclama Falcon président provisoire et le général Guzman Blanco vice-président.

Le 9 janvier 1864, le général Falcon fit son entrée solennelle à Caracas.

L'assemblée nationale vota une nouvelle constitution, qui rétablissait la confédération vénézuélienne. En voici l'analyse :

« La République prenait le nom d'États-Unis de Vénézuéla. Elle formait une confédération composée de vingt États libres, et dans une certaine mesure souverains. Ils ne pouvaient avoir d'autre forme de gouvernement que le gouvernement démocratique électif,

représentatif et responsable. Ils s'adminis-
traient eux-mêmes, mais étaient soumis à
une législation civile et criminelle uniforme;
ils devaient fournir, en cas de guerre, un
contingent fixe. Le pouvoir législatif appar-
tenait à deux chambres, le Sénat et la Chambre
des députés. Le pouvoir exécutif était confié
à un président élu pour quatre ans et à des
vice-présidents. La peine de mort était
abolie. »

La constitution admettait aussi la liberté
absolue de la presse, le droit de réunion,
d'association, la liberté d'enseignement, la
liberté religieuse. L'instruction primaire devenait gratuite et obligatoire. La propriété
était complètement garantie.

Dès que cette loi fut votée, la paix régna
sur toute l'étendue du pays.

Afin d'indemniser les sujets français pour les expropriations, dommages et préjudices occasionnés pendant la guerre civile, le gouvernement vénézuélien signa avec la France une convention qui porte la date du 29 juillet 1864, et dont voici le résumé :

« La République de Vénézuéla s'engage à payer au gouvernement français une somme de 6,000,000 de francs pour satisfaire toutes les réclamations fondées sur des faits antérieurs à la date du 6 février 1864. Cette somme sera répartie entre les ayants-droit par le gouvernement français.

« Le paiement de la dette sera effectué de la manière suivante :

« 1° 1,200,000 francs en une traite tirée par le ministre plénipotentiaire de Vénézuéla à l'ordre du ministre des affaires étrangères de France, sur la Compagnie générale du

crédit à Londres, et payable le 31 décembre
1864.

« 2° 1,200,000 francs en espèces, à Caracas, au représentant du gouvernement
français, dix-huit mois après la date de la
traite indiquée ci-dessus.

« 3° 3,600,000 francs également payables
en espèces à Caracas au représentant de la
France, en six termes semestriels successifs,
de 600,000 francs chacun, qui commence-
ront à courir six mois après le second paiement de 1,200,000 francs. »

Le 10 juillet 1865 le Vénézuéla, le Salvador, la Bolivie, la Colombie, le Chili,
l'Équateur et le Pérou signèrent un traité
d'alliance pour leur défense commune.

Ces républiques s'unissaient pour se garantir mutuellement leur indépendance, leur

souveraineté, leur intégrité et leur forme de gouvernement. Toutes s'engageaient à repousser une agression quelconque contre les droits qu'elles se reconnaissaient.

Aucune d'elles ne pouvait consentir à la cession d'une portion de son territoire à quelque puissance que ce fût.

En cas d'agression ou d'immixtion contre ou dans les droits, la souveraineté, l'intégrité ou la forme de gouvernement de l'une de ces républiques, les autres devaient à l'instant suspendre toutes relations commerciales et politiques avec la puissance en cause.

Les parties contractantes devaient nommer des fondés de pouvoir chargés de déterminer les divers contingents des forces de terre et de mer que chacune d'elles fournirait pour la défense commune.

Aucune des républiques unies ne pouvait

passer un traité de paix ou conclure une
cessation ou une suspension d'hostilités avec
l'ennemi sans l'assentiment des autres républiques; l'offense faite à l'une était également
faite à toutes les autres.

Les parties s'engageaient à n'accepter aucun protectorat, de quelque nation ou de
quelque gouvernement que ce fût.

Cette alliance était conclue pour une période de quinze années, à partir du jour du
traité.

A la fin de cette période, chacune des républiques alliées avait le droit de déclarer
la fin de l'alliance en annonçant douze mois à
l'avance son intention d'en faire cesser les
effets.

Les généraux Falcon et Guzman Blanco
gouvernèrent tranquillement jusqu'en 1867.

A cette époque, les partis nouvellement ralliés préparèrent la chute du pouvoir établi. Le général Luciano Mendoza était à la tête de ce mouvement, qui éclata plus tôt qu'on ne le pensait, dans les vallées du Tui. A la suite d'un combat qui eut lieu à « La Esperanza », le général Guzman Blanco signa avec les insurgés un traité leur accordant toutes sortes de garanties.

Peu après ces événements, le général Rojas réorganisa les forces révolutionnaires et reçut l'adhésion de Villa de Cura, qui vint se joindre à lui à la fin de l'année.

Le général Rojas prit ses positions près de Flores avec quelques centaines d'hommes; le général Colina marcha aussitôt au-devant de lui avec deux mille combattants. Malgré ses forces bien supérieures, ce dernier eut

trois cents hommes de tués et fut obligé de
battre en retraite le 28 mai.

Le général Rafaël Carabano recruta des
volontaires dans la province d'Apure, les
plaça sous le commandement du général Dé-
siderio Escobar, qui marcha immédiatement
sur la ville de Calabozo, et s'en empara le
10 janvier.

Le commandant de la place, le général
Machado, fut fait prisonnier, mais, sur
l'ordre de Rufo Rojas, il fut presque aussitôt remis en liberté.

La guerre continuait toujours sur divers
points du pays; de nombreux combats s'é-
taient livrés à Aragua, Le Tui, Carabobo
et Cojedes. On voulut essayer alors de faire

la paix, et dans ce but des conférences eurent lieu à Belisa. Un armistice de quinze jours fut décidé; mais, les belligérants n'ayant pu s'entendre, la guerre continua.

Sur ces entrefaites, le général Falcon quitta le pays le 29 avril, en laissant les charges du pouvoir au général Manuel E. Bruzual.

Le général Escobar se trouvait, avec six cents hommes, à Barancas. Colina essaya avec treize cents soldats de lui faire perdre ses positions. A cette nouvelle, Rufo Rojas se porta à marches forcées à la rencontre de Colina et, aidé par la petite armée d'Escobar, il obligea les forces du gouvernement à se replier jusqu'à Caracas.

Le général Bruzual, se rendant compte de la gravité de la situation et voulant ter-

miner cette guerre, signa un traité avec le
chef des révolutionnaires dans le village
d'Antimano, situé à deux lieues de la capitale; mais, ce traité n'ayant pas été accepté
par tous les intéressés, il n'y fut pas donné
de suite.

Les forces de l'Est, placées sous le commandement de José Tadeo Monagas, se
rapprochaient de Caracas, et le général Rojas, quoique reconnu dans le centre comme
commandant en chef de l'armée révolutionnaire, vint se mettre volontairement sous les
ordres de Monagas.

La capitale, vigoureusement attaquée par
cette armée forte de trois mille hommes, résista
trois jours et trois nuits, puis se rendit. Pendant la lutte, trois cent onze soldats avaient
été tués et sept cent onze blessés. Le gé-

néral Bruzual, chef du pouvoir exécutif en
l'absence de Falcon, avait réussi à quitter
la ville, accompagné de quelques autres
généraux.

Le vainqueur, après avoir occupé Caracas, y établit un gouvernement composé de
MM. Mateo Guerra Marcano, Marcos San-
tana, docteur Nicanor Borges, général Domingo Monagas, docteur Guillermo Tell
Villegas et Antonio Parejo.

Pendant ce temps, le général Bruzual,
qui n'avait pas signé la capitulation de Caracas, levait des troupes à Barquisimeto et
fortifiait la ville de Puerto-Cabello.

Le gouvernement révolutionnaire dirigea
des forces sur cette dernière ville, et c'est

sous le commandement du général Rufo
Rojas qu'eurent lieu les travaux du siège.

Après quelques combats partiels, les forts
El Vigia et Libertador durent se rendre.
L'attaque fut continuée avec vigueur, et
le général Bruzual, qui défendait, à la
tête de ses hommes, un point menacé, reçut
une blessure dont il mourut quelques jours
après. Les révolutionnaires occupèrent immédiatement la ville.

Le général Patino entra dans Barquisimeto, et Rufo Rojas reçut la soumission
de Pedro Rojas, après avoir pacifié tout
l'ouest.

Le général José Ruperto Monagas, qui
avait été élu par le Congrès premier délé-

gué de la République, prit le pouvoir en février. Le ministre de la guerre Rufo Rojas
se rendit dans l'est, le pacifia sans effusion
de sang, et revint ensuite à Caracas.

VIII

Soulèvement du parti libéral en 1869. — Marche du
général Guzman Blanco sur la capitale. — Prise de Caracas. — Organisation d'un gouvernement provisoire.—
Continuation de la guerre civile. — Deuxième présidence
du général Guzman Blanco. — Troisième présidence du
général Guzman Blanco. — Élection du général Joaquin
Crespo. — Quatrième présidence du général Guzman
Blanco. — Œuvre accomplie par l'illustre Américain.

Au moment où le parti libéral, mé-
content de la marche des affaires,
se réorganisait, un incident grave
vint mettre le feu aux poudres. La
maison du général Antonio Guzman
Blanco fut un soir envahie par la foule pen-

dant une fête. L'autorité publique, impuissante, ne put éviter cette violation de domicile, et les invités du général furent injuriés et maltraités. Cette lâche agression, dont le but était d'assassiner M. Antonio Guzman Blanco, ne fut pas punie par le gouvernement.

Le parti libéral se souleva alors. Le général Guzman Blanco partit pour Curaçao. Le 7 octobre 1869 Pulido marcha vers l'ouest, mit en déroute le général Leandro Martinez et s'empara de Nutriaz.

Le général Reuperto Monagas se mit à la tête de la principale armée gouvernementale, et le second délégué, le docteur Guillermo Tell Villegas, prit la direction des affaires le 31 juillet.

Un petit corps, sous les ordres du général Galan, s'empara de la place de Maracaïbo, qui s'était prononcée contre le pouvoir établi. Son commandant, le général Venancio Pulgar, fut fait prisonnier et enfermé dans le fort Libertador, à Puerto-Cabello.

La révolution faisait de rapides progrès dans le centre. Le général Mathias Salazar se soulevait à Carabobo et Pulido s'emparait de Barquisimeto, le 27 décembre, après treize jours de combat.

Sur ces entrefaites, le gouvernement obtint des autorités de Curaçao l'expulsion du général Guzman Blanco, qui débarqua le 13 février 1870 à Curamichate, en compagnie de J. B. Garcia et Miguel Gil.

Le 27 du même mois eut lieu la bataille du Guay, entre les troupes de Pulido et celles du général Monagas. Pulido battu se retira en bon ordre sans être poursuivi par Monagas, ce qui lui permit de sauver tout son parc d'artillerie.

Le Congrès, s'étant assemblé en mars, nomma pour premier et second délégués le général Esteban Palacios et le docteur Juan Vincente Gonzalez Delgado.

Entre temps, le général Guzman Blanco, chef supérieur des révolutionnaires fédéraux, avait réuni sous son commandement des forces considérables.

Dans les environs de Caracas les généraux L. Mendoza, Escobar et autres, luttaient sans répit contre les forces gouvernementales. A Aragua le drapeau de la révolution triomphait.

Le général Guzman Blanco, à la tête de huit mille hommes, marcha sur la capitale, et, avant de combattre, proposa une convention au gouvernement. Ses propositions n'ayant pas été acceptées, il réunit un conseil de guerre le 24 avril, à Antimario. Les officiers qui composaient ce conseil décidèrent d'accorder deux jours à l'ennemi pour faire connaître sa décision définitive.

Le général Rafael Carabano, qui connaissait l'importance des forces dont disposaient les révolutionnaires, proposa aux membres du gouvernement d'accepter les conditions du général Guzman Blanco. On l'accusa de trahison, et sa vie courut de graves dangers.

Pendant ces pourparlers, l'anarchie la
7*

plus complète régnait à Caracas, et cela à un point tel qu'une partie des troupes attaqua l'avant-garde ennemie sans en avoir reçu l'ordre.

La paix devenait dès lors impossible. Une lutte terrible s'engagea entre les deux partis. Le combat dura trois jours et, malgré les efforts suprêmes de la garnison, la ville fut prise et le drapeau de la fédération arboré sur les hauteurs de la capitale.

Le glorieux vainqueur s'empara des principaux chefs et fit plus de cinq cents prisonniers.

Le général Guzman Blanco organisa aussitôt un gouvernement, invita les Etats à élire les membres d'un Congrès qui devait procéder à l'élection du chef provisoire de la République et fixer la date des élections.

Il fit paraître le 7 mai un décret supprimant les droits d'exportation et réduisant d'un dixième ceux qui frappaient l'importation.

Pendant ce temps, les chefs du gouvernement antérieur qui n'avaient pas déposé les armes continuaient à se préparer pour la lutte. Les principaux d'entre eux se réunirent à Puerto-Cabello et nommèrent dictateur M. Manuel Herrera. Peu après, ils résolurent de quitter cette place, se contentant de laisser quelques hommes en garnison dans le fort.

Le général Guzman Blanco s'empara de Puerto-Cabello le 21 mai. Les ennemis se retirèrent dans l'île d'Alcatraz, d'où ils passèrent à Coro pour opérer ensuite un mouvement vers Barquisimeto.

A ce moment tous les points de la
République étaient en feu. Le chef de la
révolution avait tant d'autorité, d'énergie,
de courage et de science, que ses soldats
obéissaient et marchaient comme un seul
homme, ayant en lui la confiance la plus
absolue, combattant chaque fois qu'il le fal-
lait, et subissant sans se plaindre les priva-
tions et les fatigues.

L'ouest était toujours noir de menaces,
tandis qu'à l'est le général Olivo se préparait
à combattre.

Le général Venancio Pulgar, qui était
détenu dans la forteresse Libertador, ayant
su gagner l'affection de quelques-uns de ses
gardiens, lança le 3 août le mot d'ordre

révolutionnaire et soutint avec ses amis une lutte héroïque contre la garnison, qu'il parvint à battre. Il s'empara alors du fort et de tout ce qu'il renfermait.

D'autres succès suivirent bientôt. L'armée ennemie, forte de trois mille cinq cents hommes, livra bataille dans l'ouest, près de la Mora, au général Mathias Salazar. Celui-ci fut obligé de se replier sur Valence le 14 septembre. Le général Guzman Blanco lui envoya de nouvelles munitions et des vivres, avec l'ordre de suspendre son mouvement de retraite.

L'armée ennemie, qui s'était déjà emparée de Barquisimeto, se scinda en deux corps. Le plus fort vint guerroyer dans l'Etat Yaracuy. Le général Mathias Salazar, qui avait reçu des renforts et des munitions, l'attendit à Guamas, lui livra bataille et le défit complètement.

Malgré ces succès, la guerre était loin d'être terminée, car dans l'est, à Guarico et à Carabobo, se trouvaient encore le général Olivo et plusieurs autres chefs placés à la tête de corps de troupes chargés de soutenir l'ancien régime.

Le 6 décembre le général Pulgar, avec l'aide des jeunes généraux Eleazar Urdaneta et Alejandro Ibarra, s'empara de Maracaïbo après avoir tout à fait pacifié la province de Coro.

Pendant toute l'année 1871, la guerre continua sans qu'aucun événement important pût en faire prévoir la fin.

Le général Mathias Salazar ayant trahi ses amis politiques, le 20 mai 1871 le général Guzman Blanco l'exila du pays.

Le 1er septembre suivant, des forces réactionnaires s'emparèrent de la ville de Bolivar, et constituèrent aussitôt après un gouvernement provisoire.

Le général Pulgar, après trois victoires successives, parvint à pacifier les États de la Cordillière.

D'un autre côté, les généraux Olivo et Herrera s'emparaient de San-Fernando d'Apure le 24 octobre, et fixaient dans cette ville le centre de leurs opérations contre le général Guzman. Ce dernier, comprenant l'importance stratégique de ce point, organisa de suite une armée, puis marcha contre San-Fernando. Le glorieux général mit le siège devant cette place le 31 décembre, et, après

de brillants faits d'armes, entra en triomphateur dans la cité, le 6 janvier suivant.
Sans perdre de temps, il se mit à la pour-
suite des fuyards, les atteignit sur les bords
de l'Arauca, les battit encore une fois et
leur tua un de leurs principaux chefs, le général Olivo.

Un peu plus tard, le général Mathias Salazar, qui s'était réfugié en Colombie, rentra
sur le territoire vénézuélien, et, accompagné
de quelques chefs réactionnaires, se rendit à
Carabobo, d'où il lança un appel aux armes,
puis se prépara à combattre le gouvernement qu'il avait contribué à fonder.

Le général Guzman Blanco marcha en
personne contre lui. La rencontre eut lieu à
Tinaquillo, le 29 avril. Salazar fut battu
et fait prisonnier quelques jours après, le

10 mai. Le 16 du même mois, il comparut
devant un tribunal composé de vingt-trois
chefs libéraux choisis parmi les plus distingués, fut condamné à mort à l'unanimité et
exécuté le lendemain.

A partir de ce moment la paix cessa
d'être sérieusement troublée ; on en profita
pour réunir le Congrès, et le général Guzman Blanco, après avoir rendu compte de
ses actes, le 1er mars 1873, fut élu à l'unanimité président de la République.

Cet homme illustre s'attacha aussitôt à
faire prospérer le pays en donnant une vive
impulsion aux travaux d'utilité publique, en
encourageant l'agriculture et en développant
l'enseignement à tous les degrés. Les conservateurs tentèrent, en 1874, de renverser le
gouvernement. Le général Guzman Blanco
les battit, fit prisonniers les principaux chefs
de la révolte, puis revint à Caracas où, en

mai 1875, il adressa aux chambres un message sur la bonne situation du pays et du trésor.

En 1876 il descendit volontairement du pouvoir, et fut remplacé par le général Francisco Alcantara, qui mourut subitement au mois de novembre 1878.

Quelques mouvements se produisirent aussitôt dans le pays. Voyant la paix troublée, le général Cédeno souleva la province de Carabobo en faveur de l'ancien président, le général Guzman Blanco, qui se trouvait alors en France.

Après plusieurs combats entre ses forces et celles des partis adverses, Cédeno arriva à Antimano, y établit son camp et somma le président provisoire Urdaneta d'avoir à lui ouvrir les portes de la capitale. Ce der-

nier s'enfuit, ce qui permit à Cédeno d'entrer
en triomphateur dans Caracas.

Quelque temps après le général Guzman
Blanco débarqua à la Guayra et prit possession de la présidence de la République au
milieu de la joie générale.

A la fin de 1879, le Grand Français, qui
se rendait dans l'Amérique centrale pour
procéder à l'ouverture des travaux du canal
interocéanique de Panama, reçut du Grand
Américain la dépêche suivante :

« MONSIEUR,

« Je vous félicite, comme je félicite l'Amé-
« rique, pour votre visite, qui est appelée à

« ouvrir de grands destins au Nouveau-
« Monde.

« Je me mets à vos ordres comme parti-
« culier et comme chef de l'État. Je regrette
« que vous ne puissiez pas venir à Caracas,
« où vous seriez reçu et accueilli comme
« cela est dû au plus grand ouvrier du pro-
« grès du monde.

« Mes salutations pour vous et vos dignes
« compagnons.

« GUZMAN BLANCO. »

Ces lignes remarquables font autant d'honneur à Celui qui les a écrites qu'à Celui à
qui elles s'adressent.

Un petit soulèvement ayant éclaté en janvier 1880 à Ciudad-Bolivar, le général Pulgar, chargé de le réprimer, fit bientôt tout
rentrer dans l'ordre.

Le 20 février 1884 le général Joaquin
Crespo, un des hommes les plus éminents
du pays, fut élu, pour une durée de deux
ans, président de la République. Il s'attacha,
pendant son passage aux affaires, à pour-
suivre l'œuvre de régénération et de progrès entreprise par son illustre prédécesseur.
En juillet 1885, les troupes du gouvernement eurent à combattre un corps d'insurgés
commandé par Pulgar. Depuis cet événement, la paix la plus profonde n'a cessé de
régner sur toute l'étendue du vaste territoire
vénézuélien.

Arrivé à la fin de son mandat, Joaquin
Crespo transmit le pouvoir au premier
Conseiller fédéral, qui gouverna jusqu'au
14 septembre 1886, époque à laquelle le
général Guzman Blanco, que le peuple avait
élevé pour la quatrième fois, par élection et
acclamation, à la magistrature suprême, fut

8

installé officiellement dans ses hautes fonctions.

Au mois d'août de l'année suivante, le Président étant parti pour accomplir une importante mission aux États-Unis et en Europe, le général Hermogène Lopez fut chargé de le suppléer.

Presque tous les chefs d'État qui se sont succédé au pouvoir depuis vingt ans ont contribué à faire de la République de Vénézuéla ce qu'elle est aujourd'hui, c'est-à-dire une nation grande, prospère et respectée. Il en est un cependant qui, réputé à la fois pour son courage, son intelligence et son savoir, les a tous surpassés : nous avons nommé le général Guzman Blanco. Grand capitaine, profond politique, fin diplomate, orateur ardent et écrivain des plus distingués, il a toujours employé ses hautes facultés à l'apaisement de son pays et au développement des richesses sans nombre de sa belle patrie.

On faisait peu de cas de la liberté et des formes constitutionnelles lorsque ce grand homme d'État arriva aux affaires. Il a fait des Vénézuéliens un peuple laborieux, qui hait maintenant les révolutions, et qui a le respect absolu de l'autorité.

Le général Guzman Blanco, dont la politique a toujours été libérale mais ferme, a compris que la discipline contribue pour beaucoup à la grandeur d'un pays; aussi s'est-il servi de ce puissant agent pour consolider le gouvernement.

L'intérêt qu'il a apporté à l'extension des relations amicales de la République au dehors lui a attiré les sympathies au dedans dans une large part, qui donne la mesure exacte du progrès social que son peuple a acquis sous son autorité.

C'est au président Guzman Blanco que le Vénézuéla doit encore le rétablissement de son crédit intérieur et extérieur, le règlement de ses finances, le développement considérable de l'instruction publique, la gratuité et l'obligation de l'enseignement primaire, l'accroissement de l'immigration, la construction de nombreux chemins de fer, de routes, d'aqueducs, de canaux, de môles, d'usines à gaz, de monuments publics, l'embellissement et l'assainissement des villes, la fondation d'hospices, d'hôpitaux et d'asiles, la création d'un vaste réseau télégraphique et téléphonique, l'organisation de colonies agricoles et une infinité de réformes d'une utilité incontestable, dont l'énumération nous entraînerait trop loin.

Voilà l'œuvre toute de civilisation et de

progrès accomplie par l'illustre Américain;
elle n'est pas encore terminée : toujours sur
la brèche quand il faut combattre pour les
intérêts de sa patrie, le général Guzman
Blanco a de nouveau quitté le sol natal. Il
est à Paris en ce moment, chargé d'importantes missions en France et en Europe. Il
poursuit ses travaux et passe son chemin
calme et grand, se retournant parfois et jetant
en arrière un regard sur le trajet accompli;
il voit la route parcourue, et considérant
l'œuvre faite, il peut sentir en lui battre ces
deux fibres puissantes des hommes puissants : l'estime de soi et la conscience des
grands devoirs accomplis.

Et de notre continent, quand ses yeux se
tournent vers la Patrie, quand il entrevoit
sa terre riche et féconde, caressée par les
chauds rayons du soleil, son cœur doit
battre haut dans sa poitrine de patriote. . .

Dans un mois le successeur du président le remplacera au pouvoir. Il aura pour lui, indépendamment de sa valeur personnelle, les sentiments d'estime, d'honneur et de courage qu'a laissés à la présidence le héros américain dont le nom désormais appartient à l'histoire et mérite à tant de titres de figurer au nombre des bienfaiteurs de l'humanité.

APPENDICE

DOCUMENTS OFFICIELS

Principaux articles de la Constitution dont la connaissance est du plus grand intérêt pour ceux qui immigrent au Vénézuéla.

DEUXIÈME SECTION

Des Vénézuéliens.

ART. 5. — Sont Vénézuéliens :.

1° Toutes les personnes nées ou qui naîtront sur le territoire de Vénézuéla, quelle que soit la nationalité de leurs pères;

2° Les fils de mère ou de père vénézuéliens nés sur un autre territoire s'ils viennent
établir leur domicile dans le pays et s'ils
déclarent vouloir être Vénézuéliens;

3° Les étrangers qui se seront fait naturaliser;

4° Ceux nés ou qui naîtront dans n'importe quelle République hispano-améri-
caine ou dans les Antilles espagnoles, pourvu
que les uns et les autres aient fixé leur résidence sur le territoire de la République et
déclarent vouloir faire partie de ses citoyens.

ART. 6. — Ceux qui fixent leur domicile
en pays étranger et qui s'y font naturaliser ne
perdent pas leur caractère de Vénézuéliens.

ART. 7. — Les Vénézuéliens ayant atteint l'âge de 21 ans sont éligibles, sauf les
exceptions contenues dans cette Constitution.

ART. 8. — Tous les Vénézuéliens ont le
devoir de servir la Nation conformément
aux dispositions des lois, sacrifiant leurs
biens et leurs vies pour la défendre, s'il était
nécessaire.

ART. 9. — Les Vénézuéliens jouiront, dans tous les États de l'Union, de leurs droits et immunités attachés à leur condition de citoyens de la Fédération ; ils y seront, de plus, sujets aux mêmes devoirs que les naturels ou domiciliés.

ART. 10. — Les étrangers jouiront des mêmes droits civils que les Vénézuéliens, et, dans leurs personnes et leurs propriétés, de la même sécurité que les nationaux. Ils ne pourront faire usage de la voie diplomatique que selon les traités publics et dans les cas permis par le droit.

ART. 11. — La loi déterminera les droits qui correspondent à la condition des étrangers domiciliés ou de passage.   .   .   .   .

.   .   .   .

TITRE III

Garantie des Vénézuéliens.

ART. 14. — La Nation garantit aux Vénézuéliens :

1° L'inviolabilité de la vie, la peine capitale demeurant abolie, quelle que soit la loi
qui l'établisse;

2° La propriété avec tous ses attributs,
droits et privilèges : elle ne sera sujette
qu'aux contributions décrétées par l'autorité
législative, à la décision judiciaire, et à être
prise pour des travaux publics, moyennant
indemnité et jugement contradictoire préa-
lables;

3° L'inviolabilité et le secret de la correspondance et des autres papiers particuliers;

4° Le foyer domestique, qui ne pourra être
envahi que pour empêcher la perpétration
d'un délit, et ceci même devra être exécuté
conformément à la loi;

5° La liberté personnelle, et pour cela :
1° le recrutement forcé pour le service des
armes est aboli ; 2° l'esclavage est à jamais
proscrit; 3° les esclaves seront libres en fou-
lant le sol vénézuélien; 4° personne n'est
obligé de faire ce qui n'est pas ordonné par
la loi, ni empêché de faire ce que la loi n'a
pas prohibé;

6° La liberté de la pensée, exprimée verbalement ou au moyen de la presse, et sans aucune restriction qui la soumette à une censure préalable. Dans les cas de calomnie, injure ou préjudice de tiers, l'offensé peut intenter une action devant les tribunaux compétents, en se conformant aux lois communes ;

7° La liberté de circuler sans passeport, de changer de domicile, en observant pour cela les formalités légales ; la liberté de s'absenter et de revenir dans la République et d'en emporter ou d'y apporter leurs biens ;

8° La liberté d'industrie, et en conséquence la propriété des découvertes et des productions. Pour les propriétaires, les lois accorderont un privilège temporel ou la manière d'être indemnisés dans le cas où l'auteur consentirait à leur publication ;

9° La liberté de réunion et d'association, sans armes, publique ou privée, les autorités ne pouvant exercer aucun acte d'inspection ou de coaction ;

10° La liberté de pétitionner, avec le droit

d'obtenir une résolution ; la pétition pourra
être adressée à tout fonctionnaire, autorité
ou corporation. Si la pétition est adressée
par plusieurs personnes, les cinq premières
répondront de l'authenticité des signatures,
et toutes de la véracité des faits ;

11° La liberté du suffrage pour les élections populaires, sans d'autre restriction
que l'âge moindre de 18 ans ;

12° La liberté de l'enseignement, qui sera
protégé dans toute son extension. Le Pouvoir public a l'obligation d'établir gratuitement l'éducation primaire et celle des arts
et métiers ;

13° La liberté religieuse ;

14° La sécurité individuelle, et pour cela :

I. — Aucun Vénézuélien ne pourra être
mis en prison ni arrêté pour dettes qui ne
proviendraient pas de fraude ou de délit ;

II. — Ni être obligé à recevoir des militaires chez lui, comme logement ou quar-
tiers ;

III. — Ni être jugé par des commissions
ou tribunaux, autrement que par ses juges

naturels, et en vertu de lois dictées avant le délit ou l'action qui doivent être jugés;

IV. — Ni être mis en prison, ni arrêté, sans qu'on ait procédé, avant, à une instruction sommaire établissant qu'un délit entraînant une peine corporelle a été commis, et l'ordre écrit du fonctionnaire qui ordonne la prison, en indiquant le motif qui la cause, à moins qu'il n'y ait eu flagrant délit;

V. — Ni être mis au secret pour aucune cause;

VI. — Ni être obligé à prêter serment, ni être interrogé en affaires criminelles contre soi-même ou ses parents au quatrième degré de consanguinité, deuxième degré d'affinité, ou époux;

VII. — Ni continuer à rester en prison si les motifs qui y ont donné lieu sont détruits;

VIII. — Ni être condamné à souffrir une peine, en matière criminelle, si ce n'est après avoir été cité et ouï légalement;

IX. — Ni être condamné à une peine corporelle pour plus de dix ans;

X. — Ni continuer à être privé de sa liberté, pour des motifs politiques, après que
l'ordre est rétabli ;

15° L'égalité, en vertu de laquelle :

I. — Tous doivent être jugés par les mêmes
lois et soumis aux mêmes devoirs, services
et contributions;

II. — Il ne sera point concédé des titres de
noblesse, d'honneurs et distinctions hérédi-
taires, ni des emplois ou charges dont les
rétributions ou émoluments dureraient plus
de temps que le service ;

III. — Il ne sera point donné d'autre trai-
tement officiel, aux employés et aux corporations, que celui de Citoyens et Vous.

ART. 15. — La présente énumération ne
prive point les États de la faculté d'accorder
à leurs habitants d'autres garanties.

ART. 16. — Les lois des États établiront
des peines applicables aux infracteurs de ces
garanties et la manière de les rendre effec-
tives.

ART. 17. — Ceux qui rendraient, signe-

raient ou mettraient à exécution ou feraient
exécuter des décrets, ordonnances ou résolutions violant une garantie quelconque de
celles accordées aux Vénézuéliens, seraient
coupables et devront être châtiés ainsi que
le détermine la loi. Tout citoyen est habile
pour en faire l'accusation.

Principaux articles de la loi des terrains vagues.

Art. 1. — Les terrains vagues sont
ceux qui, étant situés dans les limites de la
Nation, n'ont pas de légitime maître, c'est-
à-dire qui n'appartiennent pas aux muni-
cipalités ou à des corporations, ni à des particuliers; et aussi ceux occupés sans titre
légitime ou avec des documents dont l'ori-
gine soit vicieuse ou illégitime, et ceux
revendiqués par la Nation, conformément
aux dispositions contenues dans la présente
loi.

. . . .

ART. 4. — Les terrains vagues sont administrés par l'Exécutif Fédéral, en observant les règles suivantes :

1° Les terrains vagues seront préférablement destinés à l'établissement de colonies agricoles et minières, selon les exigences du développement de la richesse territoriale;

2° A la création de territoires pour l'exploitation des produits naturels, comme la gomme élastique, la fève de Tonka, le quinquina et d'autres de ce genre;

3° A la protection qui doit être donnée pour la réduction et la civilisation des indigènes;

4° A l'immigration; à cet effet, le Gouvernement pourra concéder à chaque famille d'émigrants, sans autre formalité que celle de l'arpentage, des terrains vagues, dans la proportion d'un hectare par chaque membre de la famille favorisée;

5° A favoriser les entreprises de chemins de fer, avec les terrains qui sont indispensables pour la construction et la conservation des travaux, ces concessions ne pouvant dépasser 500 mètres de chaque côté de la ligne ;

6° A protéger les industries agricoles et l'élève du bétail et d'autres entreprises particulières ; et, à cet effet, l'Exécutif Fédéral, avec le consentement préalable de l'État respectif, pourra donner des titres d'adjudication en faveur des personnes qui les demanderont en se soumettant aux prescriptions de la loi.

. . . .

ART. 7. — Dans la vente des terrains vagues, il est indispensable d'établir les conditions suivantes :

1° La Nation ni les États ne seront sujets à aucune responsabilité pour éviction et garantie, ni obligés à mettre l'acheteur en possession en déterminant des limites ;

3° Dans les demandes de terrains vagues situés au bord de la mer, des lacs ou rivières navigables, chaque portion devra avoir une étendue dix fois plus grande vers l'intérieur des terres que celle qu'elle aura sur la côte ou les bords des rivières ou des lacs ;

4° Il ne sera fait aucune concession de terrains vagues dont les limites soient à moins de 5 kilomètres d'une saline, 500 mètres du bord de la mer, 200 des rives, des lacs, ou rivières navigables, et 50 des ruisseaux.

. . . .

ART. 9. — Toute demande de concession de terrains vagues doit énoncer que l'adjudicataire sera soumis aux obligations suivantes :

1° A cultiver, dans les trois ans qui suivront l'adjudication, la moitié au moins des terrains demandés, sans quoi la concession sera révoquée à son préjudice, sans autre formalité que la déclaration faite par le Gouvernement Fédéral, le motif donnant lieu à la révocation étant justifié ;

2° S'il s'agit de terrains pour élever des bestiaux, l'obligation doit être de s'y établir et de les occuper un an après leur adjudication, sous la même peine établie au numéro précédent.

L'hectare de terrain ne pourra être évalué

à moins de 40 francs, et la lieue de ceux propres à l'élève du bétail, à moins de B. 2,000.

. . . .

ART. 14. — Aucune concession de terrain ne peut être faite, en faveur d'un seul individu, ou d'une seule corporation, ou compagnie, pour plus de 5oo hectares agricoles, ni pour plus de 2 lieues pour l'élevage.

ART. 15. — La préférence dans l'adjudication des terrains vagues sera accordée :

1º A celui qui, lors de la publication de cette loi, avec ou sans titre légitime, aura sur les lieux un établissement agricole ou d'élevage, ou s'il a fait antérieurement l'acquisition des terrains et les frais de leur arpentage;

2º Si le demandeur n'est pas possesseur, le premier qui en aura fait la demande et les aura dénoncés aura la préférence.

ART. 16. — Le prix de la vente sera celui qui résultera de l'évaluation prescrite dans

cette loi, et, sur l'ordre du Ministère du
Fomento, le montant en sera payé au
Bureau du Crédit public en billets de la
Dette nationale consolidée de 5 % d'intérêt,
ou en espèces, au taux de cette dette sur le
marché d'après la dernière adjudication.

. . . .

ART. 18. — Le titre étant délivré dans la
forme prescrite et dûment enregistré au
bureau de l'enregistrement respectif, la tra-
dition sera un fait acquis sans plus de formalités.

Extrait des dispositions favorisant l'immigration.

. . . .

2° Les immigrants doivent être préférablement agriculteurs et pourvus de certi-
ficats authentiques, visés par le Consul
vénézuélien, constatant leur profession, leur
moralité et leurs bonnes mœurs, et qu'ils ne
sont point atteints de maladies organiques

ou contagieuses, ni d'aucune infirmité, sans quoi ils ne seront pas considérés comme immigrants et ne pourront jouir, par conséquent, des bénéfices que la présente résolution leur accorde.

. . . .

4.º L'expéditeur est tenu d'envoyer avec chaque expédition d'immigrants une liste contenant par ordre alphabétique les noms des chefs des familles, le nombre, l'âge, la profession, l'état civil et les noms de toutes les personnes qui les composent.

8º Le Gouvernement fera les frais occasionnés au Vénézuéla par le débarquement des immigrants, leur séjour dans les Dépôts et leur transport jusqu'au point de leur destination.

. . . .

10º Le Gouvernement donnera à chaque famille établie dans les districts coloniaux un titre de propriété provisoire de 6 hectares de terrain propre à l'agriculture, une chaumière et les instruments nécessaires au travail ; chaque colon étant libre de se livrer au genre de culture qu'il préférera. Les colons qui auront cultivé tout leur terrain au bout de la première année obtiendront un nombre d'hectares égal à celui des terres cultivées, et le titre définitif de propriété de tous les terrains qui leur auront été livrés.

11° Le gouvernement donnera aux immigrants pour leur nourriture, pendant un an après leur arrivée à la colonie, les sommes suivantes : B. 2 pour chaque personne de quinze à cinquante ans; B. 1 pour chaque personne de six à quatorze ans. Les personnes âgées de moins de six ans et de plus de cinquante n'auront droit à aucuns frais de nourriture.

. . . .

Extrait de la loi de Douane pour l'importation.

Les marchandises venant de l'étranger, qui sont introduites par les douanes de la

République, se divisent en neuf classes,
comme suit :

1re	Libre de droits.		
2me	Paiera par kilo	B.	0,10 c.
3me	id.	»	0,25
4me	id.	»	0,75
5me	id.	»	1,25
6me	id.	»	2,50
7me	id.	»	5
8me	id.	»	10
9me	id.	»	20

Sont compris dans la première classe :

Les machines, fers et outils propres à
l'agriculture, à l'exploitation des mines,
aux métiers à tisser, aux scieries, à fondre,
excepté les alambics, les véhicules, les
ustensiles et matériaux pour les chemins de
fer et les télégraphes, les animaux vivants,
les livres qui traitent de sciences, d'arts et
métiers, les journaux, les machines et ustensiles d'imprimerie, les objets artistiques
de caractère monumental, les plantes vives,

les ponts et leurs accessoires, les effets à
l'usage des passagers, les échantillons de
toiles et autres objets, pourvu que leurs dimensions et d'autres circonstances empêchent
de les mettre en vente; les machines et
appareils pour l'éclairage au gaz, les hame-
çons, le charbon minéral et le ciment ro-
main, les bois préparés pour la construction
navale et les bois ordinaires, non débités,
propres à la construction; les machines pour
arts et métiers quand elles seront introduites par les mêmes industriels, les res-
sorts, les essieux et autres ustensiles pour
voitures, les cartes géographiques et astro-
nomiques, la glace, le guano et les œufs, la
présure et les semences destinées et propres
à l'ensemencement.

La spécification des autres objets correspondant aux autres classes varie selon la
qualité, l'importance, le luxe et la valeur
qu'ils peuvent avoir; leur classification se
trouve dans la Loi des Douanes.

Les droits établis sont perçus sur le poids
brut.

L'importation est prohibée pour : l'huile de coco, l'eau-de-vie de canne, le coton, l'amidon, l'indigo, le sucre, le café, les miels de sucre et d'abeilles, les jouets de bois pour enfants, les bois pour allumettes, le sel marin, le tabac à fumer et à chiquer, la salsepareille, la monnaie d'argent étrangère non comprise dans la convention monétaire de 1865, et les appareils pour fabriquer de la monnaie qui ne viendraient pas pour le compte de la Nation.

Extrait de la loi qui garantit le 7 % de rendement annuel aux capitaux employés à la construction des chemins de fer.

1° L'Exécutif National est autorisé à garantir, jusqu'à 7 % de rendement annuel, aux capitalistes qui construiront des lignes de chemins de fer au Vénézuéla, en vertu de contrats qui auront été faits conformément à l'attribution VI, article 66 de la Constitution.

8*

2º La garantie dont parle l'article antérieur sera établie par une clause formelle du
contrat et sur les fonds destinés annuelle-
ment, dans le budget, aux travaux publics.

3º Le paiement de cette garantie ne sera
exigible qu'à partir du jour où la ligne à
construire sera achevée et livrée au public, et
la liquidation en sera faite sur le capital in-
verti dans la construction.

4º Dans la liquidation dont parle l'article
précédent on additionnera les rendements de
la ligne, pour que la rente appliquée ré-
ponde seulement de la différence qui pourra
résulter entre ces rendements et le 7 %
garanti.

Extrait des principales dispositions du
Code des Finances.

Les ports de La Guaira, Puerto-Cabello,
Ciudad-Bolivar et Macaraïbo, sont habilités
pour le commerce extérieur d'importation et
d'exportation ; ceux de Sucre, Pampatar,

Carùpano, Güiria, Guzman-Blanco et La
Vela, pour l'exportation, et seulement pour
l'importation de leur consommation. Les
douanes des ports habilités uniquement pour
leur consommation intérieure ne pourront
expédier des objets étrangers pour les autres
ports ou endroits, habilités ou non, sauf les
exceptions suivantes : la douane du port de
Sucre peut laisser sortir pour Cariaco; celle
de Carùpano pour Rio-Caribe; celle de Güiria pour Irapa, Yaguaraparo, et d'autres
points se communiquant par des rivières
avec le golfe de Paria; celle de Pampatar,
pour toute l'île de la Marguerite, et celle de
Guzman-Blanco pour Piritu.

Le port sec du Tachira est habilité pour
le commerce d'importation et d'exportation
qui se fait avec les États-Unis de Colombie,
et celui de San-Carlos de Rio-Negro, pour
la seule importation de sa consommation,
pour l'exportation de ses produits et pour le
commerce de cabotage.

Toute espèce de navire, quelle que soit sa
nationalité, sortant d'un port étranger pour

le Vénézuéla, chargé ou en lest, est tenu
d'apporter sa patente de navigation et d'être
expédié par l'Agent Consulaire vénézuélien
respectif, en destination de ports habilités,
sans pouvoir toucher à aucun autre de la
côte de Vénézuéla, si ce n'est à celui pour
lequel il est expédié.

Tout capitaine ou subrécargue de navire
qui prendra charge dans des ports étrangers
pour le Vénézuéla doit présenter par duplicata, dans chaque port d'expédition, au
Consul respectif de la République, un manifeste, signé par lui, de tout le chargement
qu'il y reçoit, et spécifiant avec clarté ce qui
suit :

L'espèce, la nationalité, la capacité le
nom du navire et celui de son capitaine;

Les noms des chargeurs et ceux de leurs
consignataires respectifs dans les ports vénézuéliens, et les connaissements correspondants numérotés par ordre;

Les marques et numéros de chaque colis, classés par caisses, ballots, barils,
malles, etc.;

La quantité de colis destinés pour chaque port et la totalité de ceux du chargement destiné pour le Vénézuéla.

Le capitaine d'un navire qui prend charge aux Antilles pour le Vénézuéla, en plus du manifeste et des autres documents, doit présenter, par duplicata, à l'Agent Consulaire, les connaissements qu'il aura signés à chaque chargeur.

Sur le manifeste du chargement qu'un navire apporte au Vénézuéla, on doit désigner la charge, s'il y en a, qu'il conduit, en même temps, pour des ports étrangers; et si le navire va seulement faire escale au Vénézuéla, sans y apporter du chargement, le capitaine se présentera à l'Agent Consulaire pour qu'il lui certifie un exemplaire du manifeste du chargement dans lequel seront désignés les marques et numéros de chaque colis; les vapeurs des lignes établies, avec escale fixe, qui relient le commerce de diverses nations, sont exempts de ces formalités.

Les chargeurs dans les ports étrangers, en dehors des Antilles, des marchandises

destinées au Vénézuéla, devront remettre,
par triplicata en langue espagnole, au Consul
vénézuélien, une facture signée dans laquelle
doivent être désignés : le nom de l'expéditeur, celui de la personne à laquelle on remet, le lieu de l'embarquement, le port de
la destination, l'espèce, la nationalité, le
nom du navire et celui du capitaine ; la
marque, le numéro et la classe de chaque
colis, son contenu, son poids brut en kilogrammes, et sa valeur. Les colis d'un même
contenu, volume, poids et forme, tels que
sacs, caisses, barils, et qui sont signalés avec
les mêmes marques et numéros, peuvent
être compris dans une même partie. On peut
embarquer des colis contenant des marchandises correspondant à plusieurs taxes ; mais,
dans ce cas, elles seront considérées, pour
l'application du tarif, comme si chaque colis fût composé, en entier, de marchandises
de la catégorie la plus grevée de celles qu'il
renferme.

Dans le port où il sera embarqué des marchandises destinées au Vénézuéla, pour être

transbordées sur un autre navire dans un port étranger, on devra présenter à l'Agent Consulaire les factures et le manifeste les concernant, en désignant sur ces documents le port où doit être fait le transbordement.

Le capitaine du navire où ces marchandises seront transbordées présentera à l'Agent Consulaire les plis fermés et cachetés que le Consul de la première provenance remet à l'Administrateur de la Douane où les marchandises sont destinées, et, de plus, le manifeste de ladite provenance primitive, avec une note au pied, signée en présence du Consul, où il sera dit qu'il a reçu les colis transbordés dans son navire, et le nom, l'espèce, la nationalité, la capacité et la destination de ce dernier.

Dans les Antilles, le transbordement doit se faire de navire à navire, et si les marchandises sont mises à terre, elles seront considérées comme procédant de cet endroit, et alors il faudra remplir les formalités voulues.

Les marchandises provenant des Antilles sont frappées d'un droit additionnel de 30 % sur les droits ordinaires.

Les Agents Consulaires ont le devoir de manifester, gratis, à toutes les personnes qui auront recours à eux, les lois des douanes du Vénézuéla et les modèles du manifeste et de la facture, avec les explications et informations nécessaires.

Dans les ports où la République n'a point d'Agents Consulaires, les documents exigés par la loi seront présentés aux consuls d'une nation amie, et s'il n'en existe point, ou si ceux qui s'y trouvent refusent de certifier les documents mentionnés, cette certification sera faite par deux commerçants, dont les signatures seront légalisées par un fonctionnaire public de la localité.

Au moment de la visite de la douane à bord d'un navire provenant de l'étranger, son capitaine doit remettre :

1º La patente de navigation ;
2º Les manifestes certifiés ;
3º Les plis fermés et cachetés ;

4.º Un exemplaire des connaissements qu'il aura signés ;

5º La liste des objets de rechange du navire et celle des provisions ;

6º Le rôle d'équipage et la liste des objets à l'usage du capitaine et de l'équipage ;

7º La liste des objets qu'il apporte comme lest ;

8º La correspondance destinée au Vénézuéla.

Dans les deux jours écoulés depuis la visite d'entrée, le capitaine du navire qui sera venu en lest devra manifester par écrit à la douane s'il va, ou non, prendre charge pour exporter, et s'il ne va pas la prendre, il devra sortir du port dans les vingt-quatre heures suivantes.

Les navires de guerre des nations amies ne seront point sujets à des formalités d'aucune espèce ; à moins qu'ils n'apportent charge appartenant à des particuliers ; dans ce cas, ils seront soumis aux mêmes règles que les navires marchands.

Après la visite d'entrée, les passagers peuvent débarquer avec leurs équipages pour être examinés par la douane, quel que soit le navire sur lequel ils soient venus, de guerre ou de transport, national ou étranger.

On considère comme équipage tout ce qui est évidemment à l'usage du passager, excepté les meubles, qui paieront leurs droits respectifs avec le rabais voulu selon leur état.

Les passagers ne peuvent apporter dans leurs équipages des objets étrangers dont les droits montent à plus de B. 500, et quand ils dépasseront cette somme, les objets occasionnant cet excédent seront saisis.

Les passagers qui apporteront dans leurs équipages des objets non usés, dans le maximum de B. 500 de droits, devront le déclarer à la douane avant qu'elle ne procède à leur examen, et ils paieront les droits correspondants ; mais, s'ils ne font pas cette déclaration préalable, ils en paieront les droits et les objets seront saisis.

Pour les équipages embarqués aux Antilles, il y a, de plus, d'autres formalités à
remplir, telles que la présentation par les
passagers, d'un certificat du Consul vénézuélien, indiquant le nombre de colis, leur
poids et la liste des objets non usés qu'ils
apportent. Ce certificat doit être remis à la
douane, et son défaut de présentation rend
le passager passible d'une amende de 100 à
B. 1,000, et la perte des objets non usés.
Quand ce certificat est présenté, s'il y a une
différence de poids de plus de 10 %, on in-
fligera une amende du double des droits que
cause cette différence, établie d'après le tarif
de la classe la plus élevée : et quand il man-
que des colis, bien que le poids soit conforme,
on appliquera une amende de 50 à B. 500
par chaque colis manquant, sans préjudice,
dans les deux cas, de la peine établie, quand
les droits causés par les objets non usés
dépassent 500 bolivars.

On considère comme équipage des immigrants et libre de droits, leurs vêtements,
provisions, animaux domestiques, semences,

outils ou instruments de leur profession,
mais non les articles et objets de commerce
qu'ils pourraient apporter.

Pour jouir de ces exemptions, l'immi-
grant doit présenter à la Douane une certification du consul de Vénézuéla respectif,
constatant qu'il vient se domicilier dans le
pays et, de plus, une facture consulaire désignant les objets qui forment son équipage.

Extrait du Code des Mines.

ART. 2. — Aucune mine ne pourra être
exploitée sans qu'il y ait eu un acte de concession expédié par l'Exécutif Fédéral, après
avoir rempli toutes les formalités qu'établit
ce Décret.

. . . .

ART. 4. — Une superficie d'un hectare,
soit dix mille mètres carrés, constitue une
mine.

Les mines se déterminent, sur la superficie, par des points fixes et des lignes, et

dans la profondeur, par des plans verti-
caux.

§ 1. — Si, dans une concession accordée,
se trouve enclavée une autre concession, le
possesseur de la première a le droit de continuer l'exploitation du filon qui, prenant
naissance dans sa concession, passe par la
concession enclavée, jusqu'à ce qu'il arrive
à l'autre partie de sa concession. Les préjudices qui en dériveront seront réparés au
dire d'experts.

§ 2. — Dans les mines de charbon de
pierre, une concession ou une mine aura
une superficie d'un kilomètre carré.

ART. 5. — En plus des concessions de
mines que définit l'article antérieur, il y
aura pour l'exploitation de l'or de petites
concessions, auxquelles on donnera le nom
de *Barrancos*.

ART. 6. — Un *barranco* sera constitué
d'un solide de base rectangulaire de dix mètres de long et dix de large, mesurés hori-
zontalement, et d'une profondeur verticale
indéfinie.

Art. 7. — Il ne pourra être fait de concession pour moins de quatre mines, et quant au maximum, il appartiendra à l'Exécutif Fédéral de le fixer, dans chaque cas, quel qu'en soit le nombre demandé.

Art. 8. — Les concessions d'exploitation de mines ne pourront être données pour plus de quatre-vingt dix-neuf ans, ni pour moins de cinquante.

Art. 9. — Les concessions des *barrancos* se donneront pour un temps indéterminé, les documents respectifs devant être renouvelés à la fin de chaque année.

. . . .

DEUXIÈME SECTION

Art. 11. — Celui qui voudra exploiter des mines en donnera avis à l'Exécutif Fédéral avant de commencer les travaux, par l'intermédiaire du Ministère du Fomento, afin que la mine ou les mines qu'il aura découvertes et dont il demande l'adjudication,

soient inscrites sur un registre qui sera tenu
à cet effet audit Ministère.

. . . .

ART. 16. — Toute pétition relative aux
mines qui sera adressée à l'Exécutif Fédéral
devra désigner le nombre de mines qui font
l'objet de la demande, et l'État, le District
ou la municipalité, le Territoire ou la colonie dans lesquels elles sont situées.

ART. 20. — Ceux qui demanderont des
concessions de *barrancos* devront s'adresser
à l'Inspecteur des mines, en indiquant leur
nombre et le lieu où ils se trouvent.

L'Inspecteur déterminera sur le terrain le
barranco ou les *barrancos* demandés, et sur
son rapport, qu'il adressera avec la requête
respective, par l'intermédiaire du Ministère
du Fomento, à l'Exécutif Fédéral, ce dernier accordera ou refusera la concession.

. . . .

ART. 29. — Le concessionnaire devra
mettre en exploitation, dans le terme de
dix-huit mois, à compter de la date du

titre de concession, les mines qui lui auront
été octroyées. L'Exécutif Fédéral pourra
accorder six mois de plus, pourvu que ce
délai soit demandé avant l'expiration des
dix-huit mois et qu'il y ait des motifs justi-
fiant cette prolongation.

ART. 3o. — Si la mine ou les mines n'ont
pas été mises en exploitation avant l'expiration du terme signalé dans l'article antérieur
et du délai qui aura été obtenu, le titre sera
déclaré sans valeur et annulé au préjudice
du concessionnaire qui aura manqué à ses
engagements.

ART. 31. — Les concessions des *barrancos* seront annulées et sans valeur s'il n'ont
pas été mis en exploitation dans les six mois,
à partir de la date du titre.

QUATRIÈME SECTION

ART. 32. — Toute personne habile pour
contracter conformément à la loi, quelle que
soit sa nationalité, peut prétendre au droit

d'exploiter les terres minières administrées par l'Exécutif Fédéral.

ART. 33. — Le droit d'option à l'exploitation des mines peut être exercé individuellement ou par des compagnies, soit anonymes, collectives ou en commandite, et les compagnies pourront être nationales ou étrangères et avoir leur résidence au Vénézuéla ou au dehors.

ART. 34. — Les compagnies nationales ou étrangères qui auraient leur résidence au Vénézuéla se formeront et seront constituées conformément aux prescriptions décrites dans le code de commerce.

. . . .

CINQUIÈME SECTION

ART. 36. — A partir du jour où un titre pour l'exploitation de mine sera délivré, le concessionnaire devra payer la contribution de quinze bolivares (francs) par an pour chaque mine; et aussitôt qu'il aura monté

ses vateries, il devra payer de plus, annuel-
lement, la somme de mille cinq cents bolivares pour chaque batterie de cinq martinets
employés pour la trituration.

Si l'on emploie d'autres machines ou appareils autres que des martinets de trituration, le concessionnaire, ou ses ayants-droit,
devront payer la contribution annuelle de
mille bolivares pour chaque machine ou ap-
pareil employés dans les travaux.

. . . .

ART. 38. — Les concessionnaires de *barrancos* paieront par an trente bolivares
pour chaque *barranco*. Ce paiement sera
fait par trimestres anticipés, sur le Territoire
fédéral Yuruari, à l'Intendance des Finances,
et, sur les autres points de la République,
au bureau qui sera indiqué par l'Exécutif
Fédéral.

§ — Les mines de charbon de pierre sont
exemptes de toute contribution.

ART. 39. — Le défaut de paiement des
droits établis par les art. 36 et 38, s'il se
répète dans deux trimestres suivis, en-

traînera l'annulation du titre de concession.

. . . .

HUITIÈME SECTION

Art. 46. — Lorsque deux ou plusieurs
personnes, ou compagnies, demanderont, à
la fois, une même concession de mines, la
préférence sera donnée dans l'ordre suivant :

1° A celui qui aura découvert les mines,
avec les preuves à l'appui ; et dans le cas où
deux ou plusieurs personnes se disputeraient
cette découverte, celle qui prouvera le mieux
y avoir droit sera préférée ;

2° Aux individus ou compagnies nationales
ou étrangères qui apporteront le plus fort
capital pour l'entreprise ;

3° A ceux qui auront fait des frais d'arpentage et de levée des plans, en vertu de
concessions, bien que prescrites par l'expiration du temps qui leur fut accordé.

. . . .

ART. 55. — Tout individu, ou compagnie, qui exploitera des terres minières sans les avoir acquises par les voies décrites, paiera une amende de dix mille bolivares, et celui qui triturera le quartz au moyen de machines ou appareils, sans avoir payé l'impôt correspondant, sera puni d'une amende qui sera du double de la contribution qu'il aurait dû payer. Ces amendes seront imposées par l'Inspecteur des mines et, dans les deux cas, les travaux qui constituent l'usurpation seront suspendus, et il en sera rendu compte à l'Exécutif Fédéral.

TABLE DES MATIÈRES

PAGES

DÉDICACE V

AVERTISSEMENT. VII

PRÉFACE. IX

I.   Situation. — Limites. — Côtes. — Superficie.
     — Golfes. — Baies. — Ports. — Iles. —
     Lacs et lagunes. — Caps. — Montagnes. —
     Fleuves et rivières   1

II. Aspect général du pays. — Climat. — Agri-
     culture. — Production animale. — Conces-
     sions de terrains.   23

III. Population. — Langues. — Religions. — Ins-
     truction publique. — Armée de terre. —
     Armée de mer. — Distinctions honorifi-
     ques.   41

PAGES

IV. Régime politique. — Pouvoir législatif. —
Pouvoir exécutif. — Pouvoir judiciaire.
— Divisions administratives. — Villes
principales   57

V. Armes de la République. — Pavillon. —
Représentation diplomatique du Vénézuéla à l'Étranger. — Représentants des
nations étrangères. — Hommes remarquables   87

VI. . Budget des recettes. — Budget des dépenses. — Dette extérieure. — Dette
intérieure. — Monnaies. — Poids et
mesures   95

VII. Commerce intérieur. — Exportations. —
Importations. — Chemins de fer. — Industrie. — Routes. — Transports maritimes. — Postes et télégraphes   107

VIII. Faune. — Flore. — Mines   127

HISTOIRE

I. Découverte du Vénézuéla. — Le Vénézuéla sous la domination espagnole. —
Le Libérateur Simon Bolivar. — Proclamation de l'indépendance. — Gouvernement du général Paëz. — Principaux
actes de son administration.   147

II. Élection du président Vargas. — Soulèvements sur divers points du territoire. —
Paëz est nommé général en chef avec
mission de rétablir l'ordre. — La guerre
civile   159

PAGES

III. Présidence du général Soublette. — Révolte du colonel Farfan. — Reconnaissance officielle du Vénézuéla par plusieurs Puissances. — Présidence du général Paëz. — Projets du colonel Codazzi. — Translation des cendres de Bolivar à Caracas. — Deuxième élection du général Soublette. — Formation du parti libéral. — Élection présidentielle. — Insurrection de 1848. 169

IV. Élections de 1850. — Traités internationaux. — Insurrection de 1853. — Tremblement de terre de Cumana. -. 181

V. Abolition complète de l'esclavage. — Insurrection de 1854. — Élection à la présidence de José Tadeo Monagas. — Conflit entre le Vénézuéla et la Hollande. — Session législative de 1856. 191

VI. Arrivée du général Florès à Caracas. — Convention consulaire entre le Vénézuéla et la France. — Abdication de Monagas. — Gouvernement du général Castro. — Convocation d'une Assemblée nationale. — Le général Monagas à la Légation de France. 203

VII. Mouvements révolutionnaires à Guanarito, Coro, etc. — Élection de Manuel Felipe de Tovar à la présidence. — Insurrection de 1859-1860. — Dictature du général Paëz. — Continuation de la guerre civile. — Constitution de 1864. — Indemnités accordées aux sujets français victimes de la guerre. — Traité d'alliance avec les

PAGES

républiques de l'Amérique du Sud. —
Nouvelles insurrections : 215

VIII. Soulèvement du parti libéral en 1869. —
Marche du général Guzman Blanco sur
la capitale. — Prise de Caracas. — Organisation d'un gouvernement provisoire. — Continuation de la guerre
civile. — Deuxième présidence du général Guzman Blanco. — Troisième présidence du général Guzman Blanco. —
Élection du général Joaquin Crespo. —
Quatrième présidence du général Guzman Blanco. — Œuvre accomplie par
l'illustre Américain 237

Appendice 259

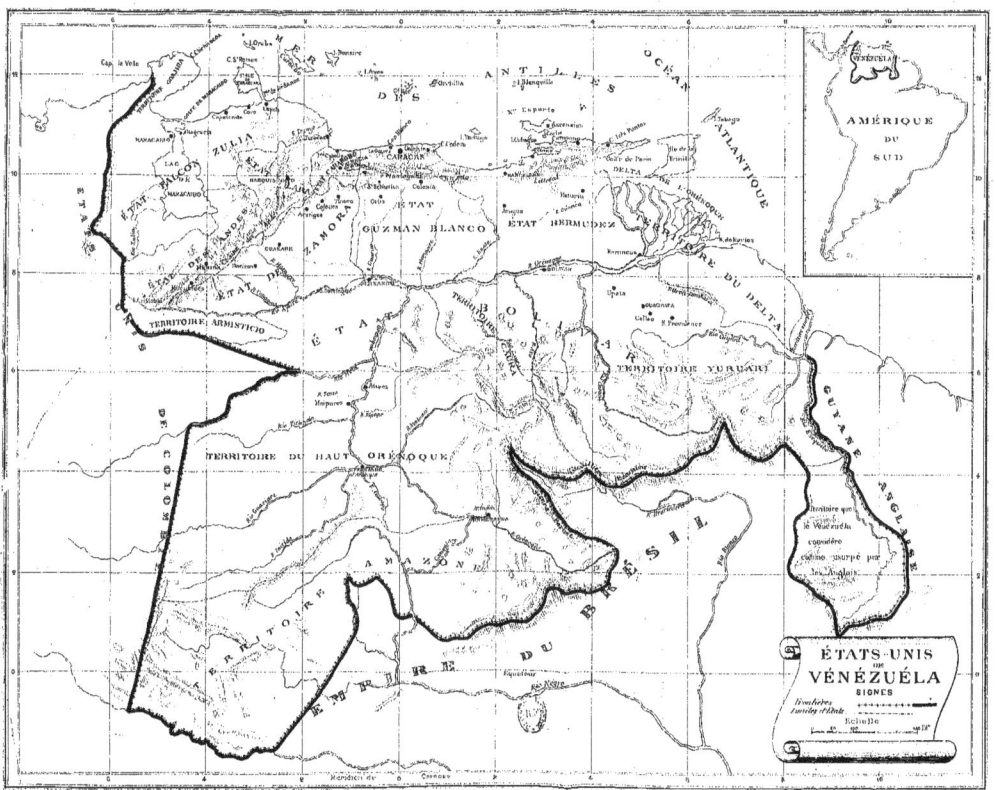

ÉTATS-UNIS
DE
VÉNÉZUÉLA
SIGNES
Frontières
Limites d'État
Échelle

AMÉRIQUE
DU
SUD

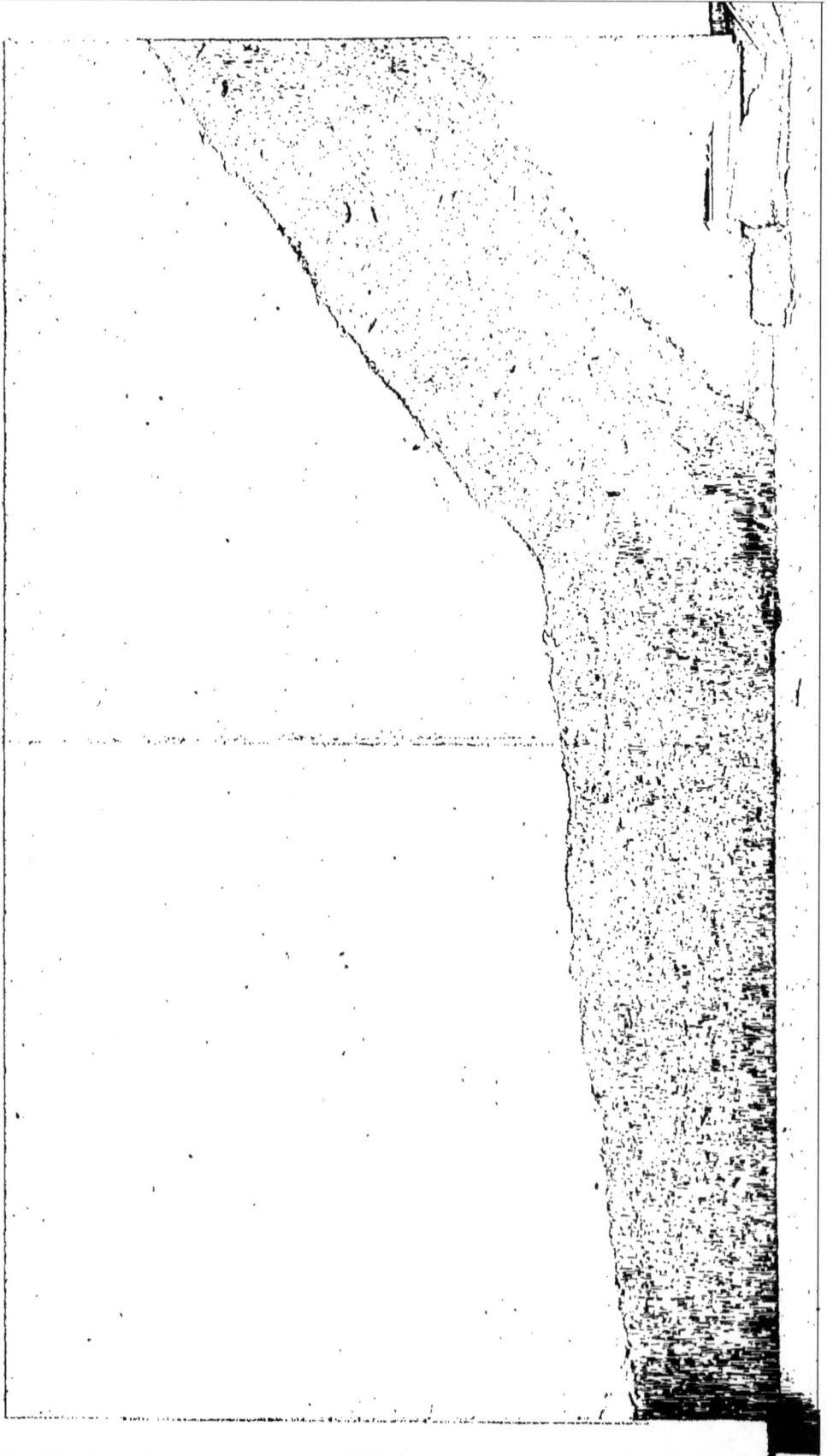

RENNES, ALPH. LE ROY

Imprimeur breveté.

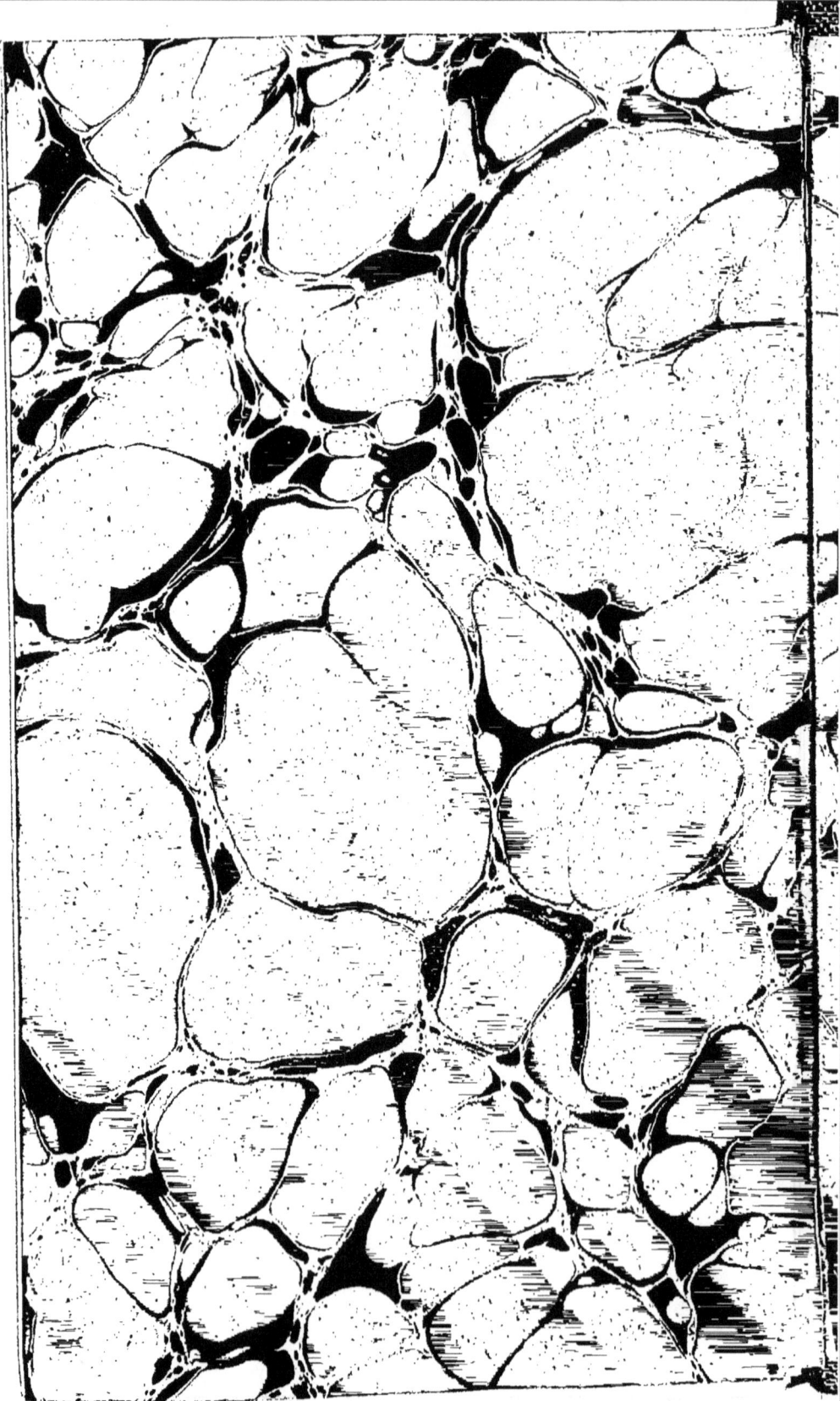

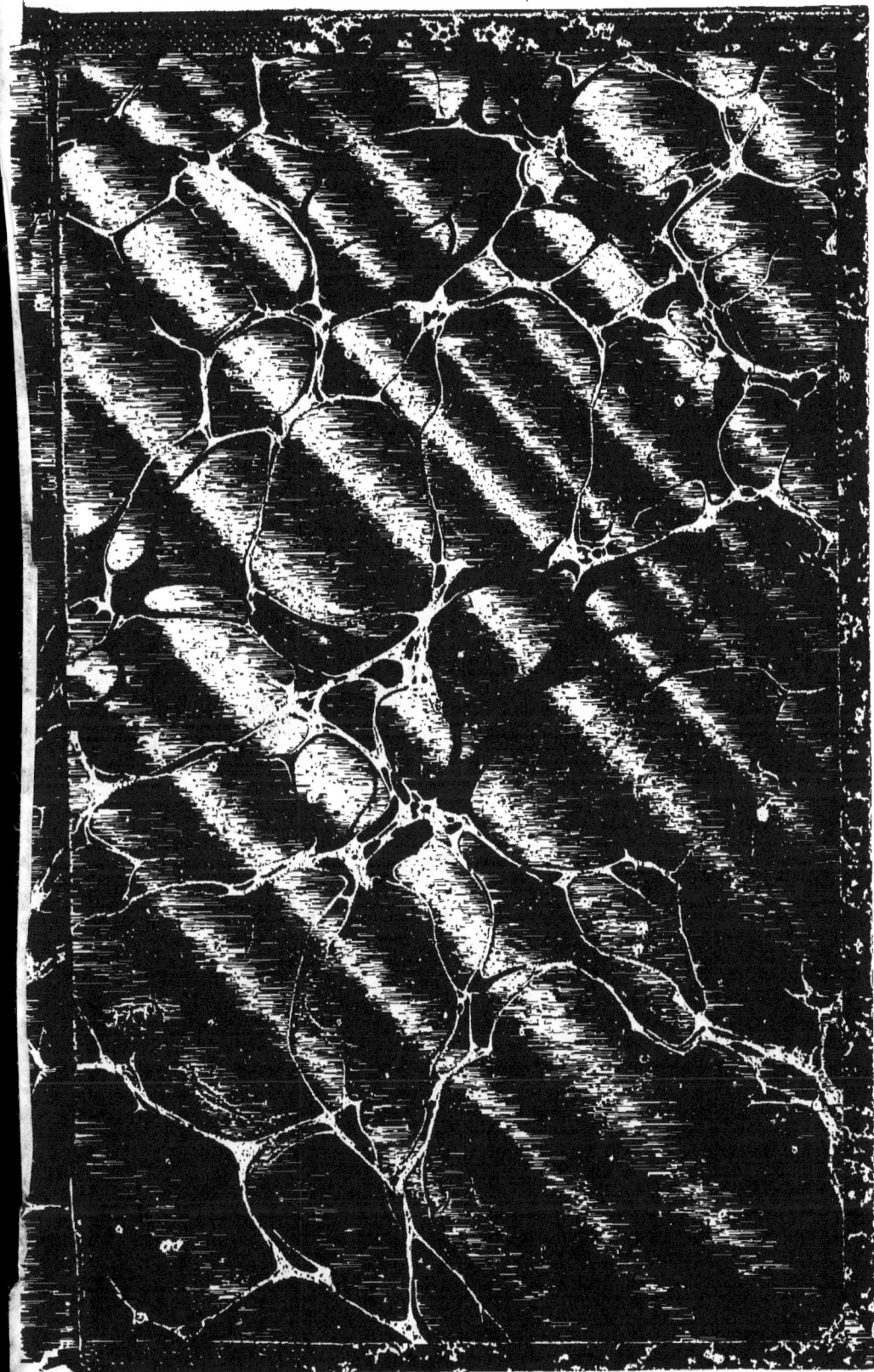

www.ingramcontent.com/pod-product-compliance
Lightning Source LLC
Chambersburg PA
CBHW070344200326
41518CB00008BA/1137